NOV   2014

D1716397

MUY BUENO
TRES GENERACIONES DE AUTÉNTICO SABOR MEXICANO

RECETAS • HISTORIAS

Para nuestros familiares y amigos
que nos apoyaron.
¡Buen provecho!

~Vangie, Verónica
& Yvette

MUY BUENO

TRES GENERACIONES DE AUTÉNTICO SABOR MEXICANO

RECETAS • HISTORIAS

Yvette Marquez-Sharpnack :: Verónica Gonzalez-Smith :: Evangelina Soza

Fotografías de Jeanine Thurston
Traducido por Leslie Limon

Hippocrene Books
Nueva York

PRIMERA EDICIÓN EN ESPAÑOL, 2014.

Copyright de la traducción © Yvette Marquez-Sharpnack, Verónica Gonzalez-Smith, y Evangelina Soza.

Publicado en los Estados Unidos de América por:
HIPPOCRENE BOOKS, INC.
171 Madison Avenue
New York, NY 10016
www.hippocrenebooks.com

Traducción de **Leslie Limon**
Diseño del libro de **Yvette Marquez-Sharpnack**
Fotografías de **Jeanine Thurston**

Originalmente publicado en inglés en Estados Unidos como Muy Bueno: *Three Generations of Authentic Mexican Flavor* por Hippocrene Books, Inc., Nueva York en 2012. Copyright © 2012 por Yvette Marquez-Sharpnack, Verónica Gonzalez-Smith, y Evangelina Soza.

Información de catalogación de publicaciones disponible en la Biblioteca de Congreso de los Estados Unidos.

ISBN 978-0-7818-1332-7

Impreso en los Estados Unidos de América.

contenido

Tres generaciones
de auténtico sabor mexicano

cocina antigua del norte de México
primera generación ~ Jesusita

platillos tradicionales del sur de la frontera
segunda generación ~ Vangie

fusión latina
tercera generación ~ Verónica + Yvette

Las siluetas de cada página denotan de quién es la historia o el recuerdo.

Glosario de chiles en la página 17

introducción

muy bueno

Cuando las personas nos preguntan porqué nombramos nuestro blog y libro de recetas Muy Bueno, nuestra respuesta es que nuestra madre/abuela (Abuelita Jesusita) siempre invitaba a familiares y amigos a su mesa con las mismas palabras: "Siéntate a comer, está muy bueno." Ella ponía mucho énfasis en el "muuuuy bueno" con una sonrisa, cejas levantadas y un destello en sus ojos a manera de señal para dejar saber a sus invitados que les esperaba un festín. Esas dos palabras, y el recuerdo de la Abuela y sus comidas legendarias, nunca dejan de poner una sonrisa en nuestros rostros.

La abuela siempre estaba en la cocina, preparando una comida deliciosa para alimentar a quien entrara por su puerta. Desde la primera mordida, los afortunados que recibían sus esfuerzos probaban no sólo la comida, sino también el corazón y el alma que la Abuela ponía a todo lo que hacía. No pasaba ni un sólo día sin que ella preparara frijoles de la olla, tortillas caseras y una salsa fresca. Siempre había comida en la estufa, en la olla de cocción lenta, o en el horno. Ella alimentaba a todos que la visitaban y por alguna razón la comida nunca se terminaba. Como en el caso del milagro de los cinco panes y los dos peces, el cómo ella alimentaba a tantos visitantes sigue siendo un misterio. Su cálido hogar con amigos y familiares sentados a la mesa de su cocina es una visión que vive con cariño en nuestros recuerdos.

Muy Bueno empezó entre nosotras tres como una manera de preservar nuestras recetas familiares favoritas y las historias de nuestra niñez y el cómo celebrábamos las fiestas más tradicionales. Sin embargo, cuando empezamos a investigar más a profundo nuestras raíces, se reavivó en nosotras una gran herencia por la comida mexicana tradicional, sus fiestas y costumbres. En un esfuerzo por reclamar y preservar las tradiciones perdidas y educar a nuestros hijos, en este libro de cocina hemos incluido nuestras más preciadas fotografías, recetas, e historias.

Después de que nuestra abuela falleció, le preguntamos a Mamá si cada una de nosotras nos podíamos quedar con un rodillo de nuestra abuelita. Ella hacia todo desde tortillas hasta empanadas con sus pequeños rodillos de madera y tener uno nos hacía sentir que la teníamos cerca de nosotros. Sólo me puedo imaginar cuantas horas utilizó cada uno de ellos y sé que si los rodillos pudieran hablar, ¡tendrían muy buenas historias que contarnos! Esperamos pasar más horas con cada uno, preparando todas nuestras recetas familiares favoritas con nuestros hijos. Un día nuestros hijos van a heredar nuestros rodillos y ellos también tendrán sus propios recuerdos dulces que llevarán consigo.

No somos cocineras entrenadas profesionalmente, ni creemos que tenemos las mejores recetas mexicanas. Éstas son simplemente las recetas de nuestra familia. Gracias a nuestra abuela Jesusita, quien sabemos que nos cuida desde el cielo, sentimos que quizás, tal vez, susurra unas palabras de aliento a nuestros oídos con el fin de ayudarnos

a encontrar nuestro camino en la cocina y en la crear una receta digna de su halago. Algunos recuerdos, como ver a nuestra abuela voltear sus deliciosas tortillas y preparar sus famosas salsas y enchiladas, aún siguen muy vivos. Queríamos capturar el espíritu, la calidez, el amor y el sabor de nuestra hermosa familia mexicana estadounidense en este libro de cocina como un legado para nuestros hijos y un regalo para nuestros lectores. De nuestra familia a las de ustedes, esperamos les complazca el preparar estas recetas tanto como a nosotras nos gustó compartirlas con ustedes.

mi mamá

Podría escribir un libro entero acerca de mi mamá, pero por el interés de espacio, sólo compartiré unas cuantas de mis historias favoritas.

Mi recuerdo más dulce de mi mamá es que nunca negó algo a una alma hambrienta. Claramente recuerdo que algunas veces, cuando personas desconocidas llegaban a pedir algo para comer o beber, porque acababan de cruzar la frontera y no habían comido nada en varios días, que siempre les regalaba algo. Ella me enseñó con el ejemplo, que a ningún ser humano se le debe negar la comida y en especial algo de beber. Ella era única en ese aspecto.

Su deseo de alimentar a las personas que amaba, era más evidente los domingos. Los domingos, después de misa, todos sus hijos y nietos la visitaban y siempre había mucha comida. Era como una reunión familiar cada domingo. Mi mamá siempre tenía algo delicioso cocinando en la estufa o en el horno y sus palabras de bienvenida siguen sonando en mis oídos… "Siéntate a comer, que esta muuuuy bueno."

María de Jesús Mendias (Jesusita, como le decían) nació en el norte de México en Julimes, Chihuahua. Provenía de una familia grande de nueve mujeres y de un varón que falleció al nacer. Se crió en un rancho de ganado y aprendió a cocinar desde muy temprana edad al lado de su mamá y sus hermanas. Juntas pasaban horas cocinando para su familia grande. A veces hasta tenían visitas inesperadas, como los soldados de la Revolución Mexicana. En aquel entonces las fuerzas de Pancho Villa estaban en Chihuahua, donde Villa reinaba sobre el norte de México como un cacique medieval. Mamá nos contaba historias fascinantes sobre cómo Pancho Villa y sus soldados pasaron por su pueblo en Chihuahua, México. Los soldados tenían fama de violar a las muchachas jóvenes, por eso sus papás tenían cuidado en esconder a sus hijas en el granero. Un día los soldados llegaron a su casa en busca de algo más que un lugar donde descansar – querían todo el rancho para ellos mismos. Así que sus padres y hermanas no tenían otra opción que huir de México en un carro de caballos con tan sólo la ropa que llevaban puesta. Era el año de 1916, mi mamá tenía sólo 10 años cuando se fueron a Ojinaga, México para cruzar la frontera a Texas. Yo sé en mi corazón que esa difícil jornada fue la que ayudó a formar a mi mamá en la mujer valiente e independiente en la que se convirtió.

Jesusita + Apolinar (hermana)
1918

Con el tiempo, se establecieron en El Rancho de Ochoa, donde ella conoció a mi padre, José Soza. El nació y se crió en La Haciendita. El 27 de diciembre de 1924, se casaron en una iglesia pequeña en Shafter, Texas, un pueblo pequeño de mineros que se encontraba a sesenta millas afuera de Presidio, Texas. Ellos vivieron en Presidio por unos años, donde tuvieron a la mayoría de mis hermanos y luego se mudaron a Shafter, Texas. De 1939 a 1941 mis padres abrieron el Restaurante de Jesusita. Mi madre vendía almuerzos a los mineros locales. Se levantaba a preparar y cocinar a las 4 am. Su día comenzaba con el nixtamal, el proceso tedioso de moler la masa para hacer tortillas de maíz y tamales. El proceso de nixtamalización es tan largo como su mismo nombre, su propósito de ablandar las paredes duras de los granos de maíz, para separarlas de su interior dulce y luego tirarlas. Hoy en día hay tortillerías que producen y venden masa fresca, pero en aquellos días era un largo proceso que debía hacerse a mano. El nixtamal requiere de remojar el maíz toda la noche en una solución alcalina, usualmente en agua con cal, y al día siguiente enjuagar y moler los granos. Cada mañana mamá enjuagaba el maíz y se hincaba frente al metate para molerlo, creando la masa para hacer tortillas o tamales. El maíz pozolero (granos de elote nixtamalizados) se usaba para otros platillos como el pozole o menudo.

En 1941 mis padres se mudaron de vuelta a Presidio y en 1953 llegaron a El Paso, Texas, donde compraron una casa pequeña y construyeron una tienda de abarrotes al lado, a la que nombraron Soza's Grocery. Yo nací en El Paso y soy la menor de nueve hijos. Mientras mi mamá trabajaba en la tienda, mi papá y mi hermano Carlos iban a comprar frutas y verduras a las bodegas locales y hacían viajes a Presidio cada dos semanas en la camioneta de mi papá, deteniéndose a vender frutas y verduras en el camino. En Presidio compraban los melones y las sandías más dulces y los chiles más picantes para luego regresar para venderlos a las bodegas en El Paso y en nuestra tienda.

José + Jesusita
Diciembre 27, 1924

Apolonio + Amigo + José

Mi padre falleció en 1958, cuando sólo tenía 53. Yo tenía 10 años; la misma edad que mi mamá tenía cuando cruzó la frontera. Ahora entiendo lo rápido que tuvo que madurar mi mamá, porque yo también tuve que asumir más responsabilidades a mis 10 años. La ayudaba a cocinar y trabajaba en la tienda. A la edad de 52 mi mamá era viuda, madre soltera y dueña de un negocio. Ella se convirtió en nuestro pilar de fuerza y gracias a Dios vivió una larga vida hasta que falleció a la edad de 98.

Evangelina + Jesusita + los nietos Zavala y Curtis

Yo después compré la tienda familiar, la cual administré por 17 años. En los fines de semana cocinaba y vendía menudo y durante la semana vendía burritos, tortas (sándwiches mexicanos) y coctéles de camarones. Durante la cuaresma hacía y vendía capirotada. En el 2003, después de 50 años como negocio y sin nadie más en la familia que se encargara de la tienda, finalmente cerré Soza's Grocery.

Mi amor por la comida lo heredé de mi mamá, quien hacia todo a mano. Ella solía hacer su salsa casera con sus propias manos antes de que tuviera una licuadora. También hacía su chile colorado de esta manera. Tenía unas manos muy fuertes – siempre me pregunté cómo no le ardían las manos al manejar los chiles. Nunca olvidaré sus tamales deliciosos en Navidad y su menudo en Año Nuevo, o el sabor de su salsa casera de chiles verdes frescos con tortillas de maíz hechas a mano... mmm, era lo mejor.

Siempre podía encontrar a mi mamá en la cocina o en su jardín. Le encantaba cocinar, hornear y atender el pequeño jardín que tenía detrás de nuestra casa. Ella plantaba chiles, tomates, calabacitas, elote, caña y hierbas aromáticas como cilantro, romero y menta. También teníamos árboles frutales – manzana, durazno, chabacano, membrillo y granada. Ella hacía empanadas y pays con la fruta de sus árboles. Siempre había aromas maravillosos que procedían de su cocina, como el olor a tortillas de harina recién hechas, chiles verdes que se estaban asando en el comal y frijoles de la olla en la estufa. Mientras cocinaba, nos contaba historias maravillosas de su niñez, de cuando vivía en Chihuahua y las travesuras que hacía junto con sus hermanas.

Cuando mi hija Yvette me invitó a trabajar con
ella en este libro de cocina me emocioné, pero
nunca me imaginé el trabajo que nos esperaba.
Mi hija mayor Verónica también tenía sueños de
reunir todas las recetas de nuestra familia y hacer
un libro de recetas familiares. Pronto decidimos
que la mejor idea sería colaborar y poner todos
nuestros recuerdos y recetas en un solo libro.
Este libro nos ha unido aún más y por eso estoy
eternamente agradecida. Con las recetas de fusión
latina de mis hijas, mis platillos tradicionales del
sur de la frontera y la cocina antigua del norte de
México de mi mamá, tenemos una colección de
recetas que forman parte del corazón y el alma de
nuestros hogares. Mi hijo, Michael, ha sido una
gran inspiración y no podríamos haber hecho esto
sin su apoyo. Estoy bendecida con tener hijos tan
maravillosos.

Tuve la fortuna de heredar el amor a la cocina de mi
madre. Cocinar y hornear está en mi sangre. Ahora,
cuando alguien entra a mi cocina, le puedo repetir
las palabras de mi mamá, "*Siéntate a comer, está
muuuuy bueno*." Gracias, Mamá, por ser una madre
extraordinaria y la abuela más maravillosa para mis
hijos. Te amamos y nuestros recuerdos hermosos
sobre ti vivirán por siempre en nuestros corazones.

Evangelina

Jesusita + Evangelina + Verónica + Yvette

Jesusita
2002

encontrando mi camino de regreso a la cocina

La primera cosa que me enseñó mi mamá a cocinar fue un huevo estrellado. Era un sábado por la mañana, a una hora en la que mi mamá generalmente se ocupaba de los quehaceres de la casa. Pero había prometido esa semana que me iba a enseñar a cocinar un huevo y a pesar de su mañana ocupada yo seguí presionándola. Mi persistencia en rogarle finalmente dio resultado, ella sabía que yo no iba desistir así que dejo a un lado todo lo que estaba haciendo. Después de varios intentos fallidos en querer voltear mi huevo sin romperlo, finalmente lo logré. ¡Éxito! Ésta sería la primera de varias "lecciones de cocina" de mi mamá. Yo tenía nueve años.

Años después, en la secundaria, aunque seguí pasando tiempo allí, mi amor por la cocina se había desvanecido. Era adolescente y no me importaba mucho el cocinar. Me encantaba toda la comida que preparaban mi mamá y mi abuela, pero cocinar parecía un deber que tomaba mucho tiempo; y la cocina no era donde yo quería estar. Yo prefería estar con mis amigos. La preparación consistía en rallar queso, picar verduras, pelar papas y cortar carne. Yo odiaba cada minuto de ello. No fue hasta después, cuando me gradué de la preparación para las comidas sencillas como tacos, quesadillas y con el tiempo de comidas más complicadas como el arroz mexicano, cuando el cocinar se convirtió en algo que tal vez podría gustarme.

Mi vida entera ha estado rodeada de comida maravillosa durante todos los días festivos imaginables y reuniones familiares. Como la mayoría de familias, las fiestas eran una excusa para probar recetas nuevas y disfrutar de viejas recetas que eran nuestras favoritas. La comida del domingo en la casa de mi abuela significaba un caldo o costillitas de res. En Nochebuena no podían faltar tamales, menudo o ambos y los viernes siempre garantizaban enchiladas rojas. Al paso de los años mi lista de favoritas seguía aumentando, pero no fue hasta que me fui de casa, después de la universidad, que me encontré llamando a Mamá y apuntando recetas. Mi pila de recetas fue creciendo y me refería a ellas como mi pila de amor.

Mientras vivía en el extranjero, en Okinawa y después en tierra firme en Japón, realmente empecé a pensar en todas las veces que vi a mi abuelita y a mi mamá cocinar, cuando me decidí a tratar de practicar más nuestras recetas familiares utilizando mi pila de amor. Mis amigos en el extranjero disfrutaban de mis esfuerzos por hacer comida mexicana y yo estaba feliz de tener un público tan ansioso de probar todos mis experimentos. Después de todo, cualquier cosa era mejor que lo que servían en el único restaurant mexicano de Okinawa. Me esmeré en recrear platillos como frijoles de la olla, enchiladas verdes y rojas, e incluso menudo. Después de un tiempo tenía más confianza en la cocina y ya no temía el cometer errores. Me basé mucho en mi pila de amor, mi memoria y en los breves consejos que me daba Mamá por teléfono. A veces me mandaba recetas escritas a mano por correo, las cuales atesoré – y casi veinte años después aún las tengo.

Hace muchos años decidí escribir un libro de cocina, una compilación de todas mis recetas favoritas como la máxima pila de amor. En vez de hacerlo sola, tengo la fortuna de escribirlo con mi hermana Yvette y nuestra hermosa mamá. Este libro de cocina es una pequeña parte mía y gran parte de las historias y recuerdos más queridos de mi corazón. Comencé este viaje como una manera de conservar mi pasado para mis hijos y al pasar los años se ha convertido en una línea de tiempo deliciosa con anécdotas e historias que casi había olvidado. Así que este libro es en honor a mi mamá y mi abuelita, quienes me heredaron su pasión por la cocina. Abuelita, tenías razón, la comida si nutre el alma. A nuestros lectores, espero que encuentren un refugio en la cocina y aprendan a amarla tanto como yo.

Verónica

Verónica + Jesusita

un recuerdo

Recuerdo vívidamente pasar horas arrodillada en una silla en la cocina acogedora de mi abuela escuchando las historias de su niñez y viéndola cocinar. Me encantaba escuchar sobre el viaje que hizo su familia desde México hacia Presidio y finalmente a El Paso, Texas. Mis historias favoritas eran de cuando su mamá y hermanas tenían que cocinar para los soldados de la Revolución Mexicana, en su rancho de Chihuahua, México.

Aún puedo imaginar su cocina alegre en El Paso como si fuera ayer. Tenía cortinas que había hecho mi mamá y sus dos periquitos, uno verde y el otro amarillo, que trinaban en su jaula haciéndole compañía a la abuela. Los periquitos siempre parecían estar felices, especialmente cuando la abuela encendía su radio y cantaba en la cocina. Era como si estuvieran cantando junto con ella. Si cierro mis ojos, aún puedo escuchar a los periquitos, oler los chiles verdes asándose y las tortillas de harina recién hechas cocinándose en el comal. Con sólo pensar en las tortillas y los chiles verdes se me hace agua la boca. Pasé mucho tiempo en la cocina de la abuela mientras Mamá trabajaba y era como un hogar para mí.

Abuela hacia tortillas de harina casi todos los días y salsa fresca cuando se necesitara. Me quedaba fascinada al verla amasar la masa, formar pequeñas bolitas perfectas, extender la masa con su pequeño rodillo de madera y luego cocer las tortillas en el comal. Me sentaba a esperar pacientemente y me encantaba ver como crecía la gran pila de tortillas recién hechas. Algo que yo prefería en particular era ver cómo la tortilla se inflaba y ella la aplastaba para soltar el aire atrapado adentro, creando un silbido. Aún puedo verla haciendo esto con un limpiador enrollado en su mano. Siempre ansiaba comer la primera tortilla caliente untada con mantequilla o salsa fresca.

Después de hacer las tortillas, ella preparaba su salsa casera. Primero asaba los chiles verdes largos y luego los pelaba. En lugar de usar una licuadora, ella exprimía los chiles asados y los tomates con sus propias manos para hacer la salsa. Con solo estar cerca de los chiles, me lloraban los ojos, pero sus manos parecían tener una resistencia mágica al ardor. Desde mi punto de vista de niña, sus manos me parecían muy fuertes y gentiles a la vez.

Jesusita + Yvette

Mientras la veía preparar la salsa, ella me contaba historias de cómo pizcaba algodón cuando era niña y lavaba ropa a mano usando un lavadero de metal en agua hirviendo. Fue entonces que me di cuenta de porqué sus manos se veían tan fuertes – había trabajado con ellas durante toda su vida para alimentar y vestir a su familia.

Mientras me arrodillaba en esa silla, absorbía cada palabra, cada suspiro, toda la pasión y la sabiduría de sus historias. Mi abuela me aconsejaba cuando más lo necesitaba. Recuerdo que me decía que no me comparara con los demás, lo cual siempre había sido un desafío para mí. Siempre me recordaba que fuera feliz con lo que tenía y no dar nada por sentado. Cuando falleció, mi mamá me preguntó que si quería algo que me recordara a mi abuela. Recuerdo haber pensado que lo único que quería era uno de los dos rodillos que ella usaba para hacer sus legendarias tortillas de harina. Llame a mi mamá unas semanas después de que falleció mi abuela y le pregunté si alguien los había pedido. Resulta ser que mi hermana también había pedido uno de sus rodillos y mi tío Carlos tenía el otro. Sin embargo, él estaba más que dispuesto a regalármelo. Tomé eso como señal de que su rodillo estaba destinado a ser mío. Es ese hermoso rodillo viejo de madera que tiene lugar prominente en mi cocina hoy – ese mismo rodillo que provocó la idea de reunir las historias y recetas de nuestra familia para mis hijos.

El rodillo de mi abuela sigue inspirándome a cocinar y a escribir las recetas que han pasado de mi abuela y de mi mamá y me alienta a crear algunas de mis propias recetas, que también se incluyen en este libro. El escribir este libro de cocina con mi mamá y mi hermana ha sido un viaje a través del tiempo, los dulces recuerdos de mi niñez, nuestras reuniones familiares, la vida sencilla y feliz que compartimos todos.

Yvette

glosario de chiles

El chile es una fruta versátil que viene en una amplia variedad de formas, colores, tamaños y grados de picor. Se pueden preparar en un sinfín de maneras: tostados (nuestra favorita), fritos, hervidos, asados y/o frescos. En este glosario nos enfocamos en nuestros chiles favoritos.

Todos los chiles de este glosario se usan a lo largo del libro para crear una variedad de salsas que acompañan una receta o como su ingrediente principal. Usamos chiles verdes asados y salsa de chile colorado para varias de nuestras recetas. Después del glosario encontrará los pasos para preparar ambas.

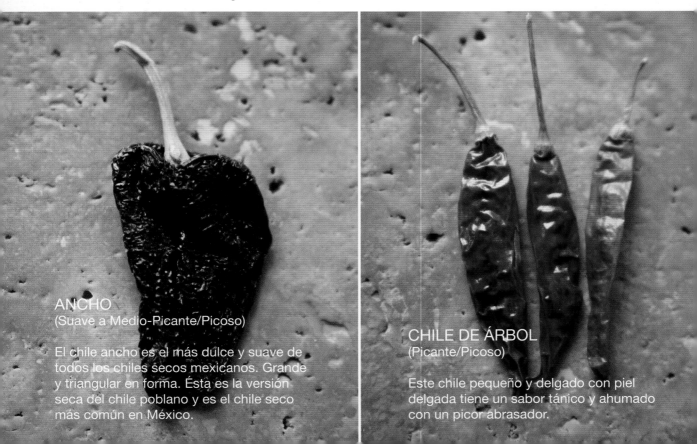

ANCHO
(Suave a Medio-Picante/Picoso)

El chile ancho es el más dulce y suave de todos los chiles secos mexicanos. Grande y triangular en forma. Ésta es la versión seca del chile poblano y es el chile seco más común en México.

CHILE DE ÁRBOL
(Picante/Picoso)

Este chile pequeño y delgado con piel delgada tiene un sabor tánico y ahumado con un picor abrasador.

GÜEROS
(Medio)

Estos chiles reciben su nombre por su color amarillo. Tienen un sabor suave.

PASILLA
(Medio a picante)

El chile pasilla recibe su nombre porque se parece a una pasa. Este chile de piel delgada tiene un sabor a moras con matices aromáticos.

CHIPOTLE
(Picante/Picoso)

Este chile es realmente un chile jalapeño rojo ahumado y seco. Lo conocerá por su color café claro y su aroma ahumado con matices de chocolate y tabaco.

CHILE ROJO SECO
(Suave a Picante)

También conocido como Chile Colorado, Chile New Mexico, o Chile California, este chile tiene una carne fina con un sabor terroso a chile con matices de cerezas silvestres. Éste es el chile que utilizamos para hacer nuestra Salsa de Chile Colorado.

CÓMO ASAR CHILES

Precaliente el asador.

Seleccione chiles firmes y carnosos sin arrugas. Enjuague bien para remover partículas de polvo.

Acomode los chiles en una capa y en una charola para hornear forrada con papel aluminio. Perfore cada chile con un cuchillo.

Colóquelos debajo del asador. Cuídelos de cerca ya que la piel se ampollará y se tornará negra en cuestión de minutos. Volteé los chiles después de 3 a 5 minutos para que se ampollen parejitos por todos lados. Cuando estén listos, la piel de los chiles deberá estar uniformemente ampollada y casi completamente negra.

Coloque los chiles asados en una bolsa de plástico, cubra con una toalla de cocina húmeda y cuando se hayan enfriado, retira la piel negra. Abra los chiles y retira las semillas y los tallos a menos que vaya a preparar chiles rellenos. En ese caso sólo retíreles el tallo y las semillas con cuidado de dejar el chile intacto para rellenar.

ANAHEIM
(Suave a Medio)

Los chiles Anaheim son perfectos para recetas en las que se piden chiles asados para hacer salsas o chiles rellenos. La versión madura y seca de este chile rojo se conoce como chile colorado.

JALAPEÑO
(Medio a Picante)

Los jalapeños tienen el sabor más rico de todos los chiles pequeños, lo cual los hace perfectos para salsas.

POBLANO
(Suave a Medio)

Este chile con forma de corazón – más ancho y más obscuro que un Anaheim – también es suave. Tiene un interior ancho que hace que sea el chile perfecto para rellenar.

SERRANO
(Picante)

El sabor de los chiles serranos es vibrante y picoso con una mecha retardada. Estos pequeños chiles delgados y puntiagudos son como cinco veces más picosos que los jalapeños.

salsa de chile colorado

No teníamos mucho dinero mientras crecíamos, así que nada se desperdiciaba. Recuerdo comer chile colorado frecuentemente. Por ejemplo, si Mamá o la abuela hacían salsa de chile colorado para enchiladas un día, la salsa restante se usaría para ser chile colorado con carne al día siguiente, y al día siguiente el chile colorado con carne se vertería encima de unos sopes. En otras ocasiones si sobraba salsa de chile colorado, Mamá nos hacía chilaquiles para el desayuno. Comíamos esto todo el tiempo. Cuando era niña protestaba porque no entendía. "Me encantan las enchiladas rojas, pero no entiendo porque tenemos que comer la salsa roja con otros platillos." Mi queja nunca fue reconocida y las rutinas continuaban. No fue hasta que me fui de casa que en verdad lo empecé a extrañar. De repente se me antojaban todas las recetas hechas con salsa de chile colorado.

Mi abuela siempre cocinaba enchiladas rojas los viernes, creo que los viernes de enchiladas empezaron durante la Cuaresma, una celebración católica que se enfoca en parte en la caridad y en el estar sin lujos. Como parte de esto, no se consume carne los viernes a partir del miércoles de ceniza sino hasta la Pascua. Me alegra que esta tradición de Cuaresma se haya mantenido todo el año en nuestra casa. Me fascinaba el aroma encantador que provenía de la casa de la abuela,

tras la otra puerta, cuando ella preparaba la salsa de chile colorado. En cuanto ella empezaba a freír la salsa, yo sabía que casi era hora de comer. Si yo me encontraba en la cocina, ella me dejaba rallar el queso Colby que acompañaría las enchiladas.

Nuestros familiares y amigos siempre venían a la casa de mi abuela los viernes para disfrutar de sus enchiladas rojas. Primos, tías, tíos y amistades, venían de visita. Recuerdo haberme asomado a la olla después de que se fueran y estaba sorprendida al ver que la olla seguía llena de salsa. No es fácil preparar otra olla de salsa de chile colorado hecha a mano, así que sabía que mi abuela no había hecho eso. Nunca vi a mi abuela volver a llenar la olla, así que decidí que era una olla mágica que se llenaba sola. Un grupo nuevo de familiares hambrientos entraban por sus puertas y comían una pila de enchiladas, luego se iban en el momento exacto para darle un pequeño descanso a la abuela antes de que llegara el próximo grupo.

Las enchiladas que comía al estar creciendo no estaban enrolladas ni rellenas con carne o queso; eran mejores – montadas como hotcakes (panqueques). Cada tortilla se freía suavemente en aceite caliente, luego se bañaba en la salsa de chile colorado, se colocaba planamente en un plato, y luego se espolvoreaba con queso y cebolla finamente picada. Por lo regular comíamos 3 o 4 enchiladas montadas con frijoles de la olla y arroz Mexicano al lado. Si alguien era algo aventurero, pedía un huevo estrellado encima de las enchiladas. Cuando era niña me gustaba ver cómo la yema escurría por encima de mis enchiladas. Si la yema alcanzaba a llegar al plato, rápidamente lo limpiaba con el bocado de enchiladas de mi tenedor.

Todo esto empezaba alrededor del mediodía de los viernes y continuaba hasta la hora de la cena. Los que llegaban tarde llegaban hambreados después de un día de trabajo, esperando que aún quedara un poco de salsa, pero terminaban desilusionados al ver que la salsa del fondo de la olla se había empezado a resecar.

Hacer la salsa roja lleva su tiempo, pero una vez que está preparada, se refrigera y/o congela bien para otras recetas de este libro. Ésta es la misma salsa que se utiliza para hacer tamales y menudo.

CHILE COLORADO

Recuerdo ver a mi mamá parada en frente de la mesa de su cocina exprimiendo vainas cocidas de chile colorado con sus manos; esto fue antes de que tuviera una licuadora. Nunca entendí cómo hacía eso porque los chiles eran extremadamente picantes, pero sus manos nunca parecían estar afectadas por el ardor. Después, ella colaba los chiles girando un mortero cónico de madera dentro de una coladera, aplastando las vainas de chile. Esto resultaba en el rico chile aterciopelado que utilizaba en tantas recetas.

8 onzas de vainas de chile Colorado California o New Mexico

6 tazas de agua

6 cucharadas de harina para todo uso

4 dientes de ajo

1 cucharada de sal

Retire los tallos, semillas, y venas de las vainas de chile. Coloque dentro de una coladera y enjuague bien con agua fría. Agregue los chiles a una olla grande y agregue suficiente agua sólo para cubrirlos. Ponga el agua a hervir. Reduzca el fuego, tape, y deje cocinar por 20 minutos. Después de 10 minutos, dé vuelta a los chiles con unas pinzas para asegurar que los chiles se ablanden uniformemente. Escurra los chiles y deje enfriar antes de licuar. Deseche el agua.

Llene la licuadora con 3 tazas de agua, la mitad de las vainas de chile, 3 cucharadas de harina, 2 dientes de ajo y la mitad de la sal. Licúe bien. Cuele la salsa en una coladera fina para quitar las cáscaras y las semillas; deseche las cáscaras y las semillas. Repita el proceso de licuar y colar con el agua, los chiles, la harina, el ajo y la sal restante. Si es necesario, sazone con más sal.

Esta salsa se puede hacer con antelación y guardarse en recipientes herméticos en el refrigerador o en el congelador. La salsa se puede refrigerar hasta por una semana o congelar hasta por 6 meses.

RINDE DE 6 A 7 TAZAS

tamales

Mi mamá hacía estos tamales deliciosos cada año, para nuestras reuniones de Nochebuena. A todos les encantaban sus tamales; los preparaba con tanto amor, eran su regalo de Navidad para su familia. Siempre decía, "Tienes que hacerlos con mucho relleno, o sólo comerás masa." No tenía su propia batidora, así que siempre preparaba la masa a mano. No creo que hubiera usado una batidora aunque la hubiese tenido. Había algo en el esfuerzo que ella hacía para mezclar a mano que los hacía aún más deliciosos.

La Navidad era un día festivo que siempre se esperaba con gran anticipación. Aprecio mucho los momentos que pasé en la cocina con mamá. Aprendí a hacer sus tamales sabrosos y fueron los momentos idóneos para hablar de tantas cosas. Me contaba historias de cuando era joven, de cuando conoció y se casó con mi papá, y acerca de su vida en Presidio, Texas. Eran historias que me encantaba escuchar, sin importar cuantas veces las escuchara. Luego, cuando mis hijos tuvieron la edad suficiente para ayudar, ellos estaban allí para ayudar a enjuagar las hojas de maíz y para escuchar cantar a su abuela mientras cocinaba. Siempre tenía su radio tocando canciones mexicanas viejitas y si no tenía su radio cantaba himnos de la iglesia o su canción folclórica favorita, "De Colores." Esos son los momentos que nunca olvidaré y la madre, la abuela y la bisabuela preciosa quien era.

MASA PARA TAMALES

El ingrediente más importante para elaborar el tamal perfecto es la masa, esa masa húmeda y molida hecha con un maíz especial conocida como nixtamal. La masa fresca se puede comprar de una de dos maneras, preparada y sin preparar. Nuestra familia prefiere comprar masa sin preparar para luego agregar la manteca, la sal, el caldo y el polvo para hornear, para darle ese toque Muy Bueno. Si elige usar nuestra receta, asegúrese de comprar masa sin preparar. Mi abuela la preparó de esta manera durante años y nosotros también. La masa se puede comprar en tiendas que venden productos mexicanos.

2 libras de manteca (ver Nota)

2 cucharaditas de polvo para hornear, separadas

2 cucharadas de sal, separadas

5 libras de masa fresca molida (sin preparar) para tamales

2 a 3 tazas de caldo de carne de cerdo (página 34) o caldo de pollo

½ taza de salsa de chile colorado (página 25; solo añada si va a hacer tamales de puerco con chile colorado)

PARA HACER LA MASA:
Coloque 1 libra de manteca en una batidora grande y mezcle hasta que quede esponjosa, raspando los lados para que la manteca se mantenga en el centro del tazón. (La paleta plana es el accesorio ideal para mezclar.)

Nota: Si utiliza manteca de cerdo, necesitara menos caldo.

Añada la mitad del polvo para hornear y la mitad de la sal a la manteca y mezcle bien. Agregue la mitad de la masa y mezcle bien.

Lentamente añada la mitad del caldo y la mitad de la salsa de chile colorado (si va a usar) a la masa y mezcle hasta quedar completamente combinada. La mezcla debería tener la misma consistencia que la mantequilla de cacahuate. Si no, añada más caldo según sea necesario. Pruebe la masa tomando una pizca (½ cucharadita) y deje caer en una taza de agua tibia. Si flota ya está lista, si cae al fondo agregue un poco más de manteca, mezcle por un minuto más y pruebe de nuevo. Repita este proceso hasta que flote la masa. Vierta la mezcla de masa a un tazón más grande. Repita el proceso con los ingredientes restantes.

(CONTINUACIÓN)

Cubra la masa y déjela reposar mientras prepara el relleno de su preferencia (vea páginas 34-37).

PARA PREPARAR LAS HOJAS (DE MAÍZ):
Remoje las hojas de maíz en agua por una hora antes de utilizar, enjuague bien con agua para remover el polvo o las fibras de maíz. Para mantener las hojas de maíz suaves, consérvelas en agua mientras rellena los tamales. Coloque un manojo de hojas en una coladera para escurrir el exceso de agua antes de usarlas.

UNTAR LA MASA:
Coloque el lado ancho de la hoja de maíz en la palma de su mano, el lado angosto queda hacia arriba. Empezando desde el centro de la hoja, unte 2 cucharadas de masa con la parte trasera de una cuchara en una figura de rectángulo u óvalo, con movimientos para abajo hacia el lado ancho. No unte la masa hasta las orillas; deje un borde como de 2 pulgadas en el lado derecho y en el izquierdo de la hoja.

RELLENAR LAS HOJAS:
Coloque 1½ cucharadas del relleno de su preferencia en el centro de la masa. Doble ambos lados hacia el centro; termine por doblar la punta de la hoja hacia la parte que ha rellenado. Asegúrese de que el tamal esté bien cerrado para que no se abra durante la cocción. Asegure el tamal atándole una tira delgada de hoja de maíz alrededor. Esto evitará que el tamal se abra durante la cocción, en especial si la hoja de maíz es demasiado gruesa y no se mantiene doblada.

COCINAR LOS TAMALES AL VAPOR:
Utilice una olla profunda o una vaporera para tamales para cocinar los tamales al vapor. Si utiliza una vaporera llénela con agua hasta la línea marcada. Coloque la tapa encima del agua. Coloque los tamales parados, con el doblez hacia el lado de los demás tamales, para evitar que se abran. Tape la vaporera con una tapa ajustada. Deje hervir a fuego alto por 15 minutos. Reduzca el fuego y deje cocinar de 2½ a 3 horas. Manténga la tapa segura. Para saber si ya están cocidos, ponga un tamal en un plato y retire la hoja de maíz. Si se puede retirar sin que se pegue, los tamales ya están listos.

RINDE 6 A 7 DOCENAS DE TAMALES

TAMALES DE PUERCO CON CHILE COLORADO

CARNE DE CERDO DESHEBRADA

7 a 8 libras de lomo o pierna de cerdo

2½ tazas de agua

1 cucharada de sal de mar

RELLENO

6 cucharadas de caldo (con grasa) de la carne
   cocida del cerdo

3 cucharadas de harina de todo uso

6½ tazas de chile colorado (página 25)

1 cucharada de sal

1 porción de masa para tamales (página 31)

Hojas de maíz

PARA PREPARAR EL CERDO:

Coloque la carne de cerdo, el agua y la sal en
una olla de cocción lenta y cocine de 6 a 8
horas. Ya cocida la carne, retírela de la olla de
cocción lenta y déjela enfriar hasta que esté a
temperatura ambiente. Deshebre la carne de
cerdo, retirando la grasa y reservándola. (Por lo
general, tendrá alrededor de 3 libras de carne
cuando ésta ya esté cocida y deshebrada.)

En una licuadora, combine el caldo ya frío
de la carne de cerdo y los pedazos de grasa
restantes. Licúe y reserve para preparar la
masa y el relleno con la carne del cerdo. El
caldo se puede guardar, en un recipiente
hermético, por 1 semana en el refrigerador o se
puede congelar de 4 a 6 meses.

PREPARAR EL RELLENO:

Caliente las 6 cucharadas de caldo en una
sartén grande. Añada la harina y bata por 4 o 5
minutos.

Añada la salsa de chile colorado y la sal,
mezcle bien y cocine durante 10 minutos. La
salsa estará muy espesa en esos momentos.

Agregue las 3 libras de carne de cerdo
deshebrada y mezcle para que quede
completamente cubierta con la salsa de chile
colorado. Deje cocinar a fuego lento por al
menos 10 minutos. Deje enfriar la mezcla antes
de rellenar los tamales. (Vea las instrucciones
de la página 32.)

**RINDE PARA ALREDEDOR DE 5 DOCENAS DE
TAMALES**

TAMALES DE PUERCO CON CHILE VERDE

2 cucharadas de aceite de oliva

3 cucharadas de harina de todo uso

5 tazas de chiles Anaheim asados, pelados y picados (Vea la página 20.)

2 cucharaditas de ajo en polvo

Sal

2½ libras de carne de cerdo deshebrado (Vea la página 34.)

¼ a ½ taza de caldo de pollo

1 porción de masa para tamales (Vea la página 31.)

Hojas de maíz

Caliente el aceite en una sartén pesada o cazuela profunda. Añada la harina y mezcle durante 3 minutos para evitar que se formen grumos.

Agregue los chiles verdes picados y cocine por 3 minutos, revolviendo para que la mezcla no se adhiera a la sartén. Deje hervir. Reduzca el fuego; añada el ajo en polvo y sal al gusto.

Agregue la carne de cerdo y el caldo y deje hervir por 5 minutos, permitiendo que se mezclen todos los sabores. Deje enfriar la mezcla antes de rellenar los tamales. (Vea las instrucciones de la página 32.)

RINDE ALREDEDOR DE 5 DOCENAS DE TAMALES

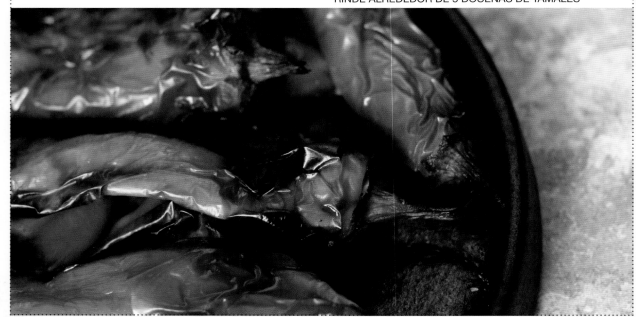

TAMALES DE QUESO CON RAJAS

2 cucharadas de aceite de oliva

3 cucharadas de harina de todo uso

5 tazas de chiles Anaheim asados, pelados y picados (Vea la página 20.)

1 cucharada de ajo en polvo

½ taza de suero de leche

1½ cucharadita de sal

4½ tazas de queso tipo asadero, quesadilla, o Muenster rallado, divididas en dos porciones

1 porción de masa para tamales (Vea la página 31.)

Hojas de maíz

Caliente el aceite de oliva, añada la harina y mezcle durante 3 minutos para evitar que se formen grumos. Agregue el chile picado y el ajo en polvo y mezcle por 5 minutos.

Añada el suero de leche, la sal y la ½ taza de queso rallado. Deje cocinar por 7 minutos, revolviendo hasta que el queso se derrita y la mezcla espese. Reserve el queso restante para espolvorear por encima de la mezcla en cada tamal (como 1 cucharada por tamal). Deje enfriar la mezcla antes de rellenar los tamales. (Vea las instrucciones de la página 32.)

RINDE ALREDEDOR DE 5 DOCENAS DE TAMALES

panes

TORTILLAS DE MAÍZ CASERAS

 No he dominado todas las recetas del viejo mundo de mi madre, pero sigo intentando, tratando de capturar la esencia de cada receta. Las tortillas de maíz caseras son el ejemplo perfecto. Creo que jamás podré hacerlas igual que mi mamá. Pero eso no quiere decir que no seguiré intentando.

Mi mamá nunca usó una prensa para tortillas cuando hacia tortillas de maíz. Ella ponía un tazón con agua en la mesa. Mojaba sus dedos con agua del tazón y recogía un poco de masa y la torteaba entre sus manos, como si estuviera aplaudiendo, hasta que se formara una tortilla plana (pero no muy delgada). Luego ponía a cocer la tortilla en un comal caliente y repetía este ciclo hasta terminar con toda la masa.

Pero mi mamá también me enseñó una manera más sencilla. Tomaba una bola pequeña de masa, la ponía en un trapo de algodón, doblaba el trapo encima de la bola de masa y la aplastaba con un plato. Esto resultaba en una tortilla perfectamente redonda.

Hoy en día hay una manera más fácil de hacer tortillas de maíz usando una prensa para tortillas. Así es como mis hijas hacen sus tortillas caseras. Para quienes queremos hacerlas a la manera antigua, por favor sigan intentando.

(CONTINUACIÓN)

TORTILLAS DE MAÍZ CASERAS
(CONTINUACIÓN)

2 tazas de harina para masa (de maíz)

½ cucharadita de sal

1⅛ tazas de agua

Ponga a calentar un comal a fuego medio.

En un tazón grande mezcle la harina, la sal y el agua por unos 4 minutos. Si la masa está muy seca agregue 1 cucharada de agua a la vez y mezcle un poco más.

Divida la masa en 16 bolas y aplane ligeramente cada una de ellas. Mantenga la masa cubierta con una toalla de cocina para que no se seque mientras aplana las tortillas.

Use una prensa para tortillas cuando prepare tortillas de maíz. Coloque un pedazo de envoltura plástica a cada lado de la prensa para tortillas. La bola de masa quedara entre los dos pedazos de envoltura plástica durante el proceso. Coloque una bola de masa en un lado de la prensa para tortillas, directamente encima de la envoltura de plástico. Cierre la prensa para tortillas y presione el mango hacia abajo, aplanando la masa para crear una tortilla de maíz. Abra la prensa y deberá tener una tortilla de maíz perfectamente plana.

Coloque la tortilla en el comal caliente para cocinarla durante unos 30 segundos, o hasta que esté cocida y ligeramente inflada. Voltée la tortilla y cocine por unos 30 segundos más. Guarde la tortilla en un tortillero o en una canasta forrada con una servilleta de cocina. Así es como la abuela guardaba sus tortillas. Continúe haciendo tortillas con el resto de las bolas de masa.

RINDE 16 TORTILLAS

TORTILLAS DE HARINA CASERAS

Cada tercer día mi abuelita hacia sus famosas tortillas de harina caseras. En cuanto entraba a la cocina de la abuela, podía oler ese aroma especial que solo proviene de las tortillas de harina recién hechas. Si alguna vez has tenido la fortuna de estar en una cocina cuando se están cociendo tortillas de harina en el comal, sabes de lo que estoy hablando. Recuerdo que frotaba una barra de mantequilla encima de mi tortilla caliente y veía cómo la mantequilla se derretía. Rápidamente enrollaba la tortilla y me la comía; a veces, la mantequilla se escurría por mi brazo, lo cual no me molestaba, porque la lamía de inmediato.

Recuerdo regresar corriendo a casa de mi abuela después de la escuela sabiendo que ella estaría extendiendo y cocinando tortillas. Me daba una pequeña bola de masa para extender mi propia tortilla. La mía siempre tenía forma de un óvalo, nunca perfectamente redonda como las de mi abuelita. Mi manera favorita de comer una tortilla de harina recién hecha es con una cucharada de salsa casera, ligeramente salada y enrollada en un perfecto burrito picoso.

(CONTINUACIÓN)

TORTILLAS DE HARINA CASERAS
(CONTINUACIÓN)

4 tazas de harina de todo uso

¾ cucharadita de polvo para hornear

1⅛ cucharadita de sal

1 cucharada de manteca (de cerdo o vegetal)

1¼ tazas de agua tibia

Ponga a calentar un comal a fuego medio.

En un tazón combine todos los ingredientes secos. Añada la manteca y mezcle hasta que parezca que tenga grumos pequeños.

Agregue el agua tibia y mezcle bien con la mano. La masa podría estar un poco pegajosa. Amase sobre una tabla de cortar o un mostrador hasta que la masa sea flexible y elástica. Espolvorée con harina si la masa está demasiada pegajosa.

Forme bolas de masa de 2 a 2½ pulgadas. Con un rodillo, extienda las bolas de masa hasta formar un círculo de 7 a 8 pulgadas. Si la masa está pegajosa, espolvorée la tabla con harina para que le sea más fácil extender la masa.

Después de extender cada círculo de masa, coloque la tortilla en el comal caliente para cocinar, tardará 1 minuto o menos por lado. Después de cocinarse de un lado, volteé la tortilla para cocinar el lado opuesto. Cuando la tortilla comienza a formar pequeñas bolsas de aire, presione suavemente hacia abajo con una prensa para tortillas de madera o con una toalla de cocina enrollada (como lo hacía la abuela) para liberar el aire. No presione demasiado, ya que resultarán tortillas duras.

Mantenga las tortillas calientes en un tortillero o en una toalla de cocina limpia mientras termina de hacer las demás tortillas. Las tortillas sobrantes se pueden refrigerar en una bolsa de plástico.

RINDE 13 A 14 TORTILLAS
(DE 7 A 8 PULGADAS DE DIÁMETRO)

BÍSQUETS DE SUERO DE LECHE

Mi mamá ha hecho estos bísquets (o galletas) desde que tengo memoria. Son deliciosos cuando están calientes y recién salidos del horno. Acostumbro tomar uno y partirlo a la mitad y mientras todavía está caliente le pongo una cucharada grande de mantequilla y veo como se derrite. Si una comida más completa es lo que busco, sólo le añado unos frijoles refritos, una rebanada de queso, un poco de salsita y lo tapo con la otra mitad y me lo como mientras está caliente. También puede añadir unas rodajas de aguacate y espolvorear con un poco de sal. ¡Sabroso!

4 tazas de harina de todo uso

1½ cucharaditas de polvo para hornear

⅓ taza de manteca vegetal

2 tazas de suero de leche

Precaliente el horno a 350° F (180 ° C).

En un tazón grande combine la harina con el polvo para hornear. Añada la manteca vegetal hasta que quede bien incorporada. Forme una fuente (un hueco en el centro) y agregue lentamente el suero de leche. Amase la masa con sus dedos hasta que esté suave y añada más suero de leche conforme sea necesario.

Si la masa está un poco pegajosa, se le puede agregar más harina. Sin embargo, a mí me gusta que esté un poco pegajosa porque los bísquets salen más esponjaditos.

Divida la masa en 12 a 14 bolas. Aplane cada bolita hasta que tenga un espesor de 1 pulgada. Acomode los bísquets en una charola para hornear sin engrasar y pique cada bísquet con un tenedor dos veces. Horneé de 20 a 23 minutos.

Ajuste el horno para asar (broil) y ase los bísquets durante 1 minuto o hasta que estén dorados.

RINDE 1 DOCENA DE BÍSQUETS

Nota: Cada horno es diferente así que cuídelos de cerca para evitar que se horneen demás o que se quemen.

salsas

SALSA DE AGUACATE Y TOMATILLO

 Una advertencia: ¡esta salsa puede ser adictiva! La primera vez que la probé fue en Ixtapa, México, y tenía que encontrar la manera de prepararla yo misma en casa. Para mi fortuna, ésta es una salsa muy fácil de preparar y en un día soleado va muy bien con un plato de totopos y una cerveza bien fría. Lo cremoso de los aguacates junto con el estallido picante de los jalapeños y serranos hace de ésta una salsa irresistible. Utilice esta salsa para acompañar tacos, gorditas, o sopes.

8 tomatillos, sin cáscara y lavados

1 o 2 chiles serranos, sin tallo

2 chiles jalapeños, sin tallo

1 diente de ajo, con cáscara

3 aguacates, sin cáscara y sin semilla

1 manojo de cilantro

2 tazas de agua

1 cucharadita de sal

Precaliente el horno en modo de asar (broil). Por alrededor de 5 minutos ase los tomatillos, chiles serranos, chiles jalapeños y el diente de ajo en una charola para hornear forrada con papel aluminio. Volteélos y siga horneando por unos 4 o 5 minutos más. Observe con cuidado para evitar que los tomatillos se quemen.

Coloque los chiles asados en una bolsa de plástico, ciérrela bolsa y deje sudar los chiles por unos 10 minutos, lo cual permite que sea más fácil desprender la piel.

Mientras los chiles se enfrían, retire la cáscara del ajo y descarte. Después que hayan sudado los chiles, retire la piel y descarte.

Coloque en una licuadora los tomatillos, los chiles asados y pelados, el ajo asado, los aguacates, el cilantro, el agua y la sal. Licúe hasta que todo tenga una consistencia cremosa.

RINDE 3½ A 4 TAZAS

PICO DE GALLO

A esta salsa le llamo *Salsa de la bandera* porque tiene los tres colores de la bandera mexicana: verde, blanco, y rojo. Ésta es la salsa que veo en casi todas las barras de salsa en restaurantes y taquerías de comida rápida. La salsa sabrá mejor si utiliza los ingredientes frescos que están en su temporada alta durante el verano y el otoño. Conforme la salsa se va asentando, los tomates empiezan a soltar sus propios jugos y esto hace que la salsa se aguade, así que a mamá se le ocurrió la idea de añadir puré de tomate; lo que ayuda a espesar la salsa sin que pierda su sabor de tomate y sin que domine a los otros ingredientes.

1 chile jalapeño, sin tallo y picado finamente

1 chile serrano, sin tallo y picado finamente

3 tomates Roma, picados

1 cebolla pequeña, picada

1 cucharada de cilantro picado

½ cucharadita de sal

El jugo de 1 limón

¼ taza de puré de tomate

Pique finamente el chile jalapeño, el chile serrano, los jitomates, la cebolla y el cilantro y colóquelos en un tazón grande. Sazone con sal.

Agregue el jugo de limón y el puré de tomate. Mezcle bien y añada más sal, si es necesario.

Sirva como guarnición encima de pescado, pollo, o carne asada, o con una canasta de totopos.

RINDE 2 TAZAS

SALSA DE MANGO CON AGUACATE

En nuestra casa nos encanta todo lo relacionado con el mango: helado de mango, sorbete, licuados, margaritas, paletas, salsas, lo que sea ya lo hemos hecho. Aquí está una alegre salsa hecha con dos de nuestras frutas tropicales favoritas, mango y aguacate. Sirva encima de tilapia frita o simplemente como entremés y vea cómo desaparece.

1 mango maduro grande, sin cáscara ni hueso y picado

1 cebolla morada pequeña, finamente picada

1 aguacate, sin cáscara ni hueso y picado

2 tomates Roma, sin piel ni semillas y picados

3 cucharadas de cilantro fresco picado

1 chile serrano, finamente picado

3 cucharadas de jugo de limón

1 cucharadita de aceite de oliva

Sal

Combine el mango, la cebolla morada, el aguacate, los tomates, el cilantro y el chile serrano picado en un tazón. Agregue el jugo de limón con el aceite de oliva y revuelva ligeramente. Sazone con sal. Deje reposar para que todos los sabores se mezclen a temperatura ambiente.

RINDE 2 A 2½ TAZAS

SALSA DE HONGOS Y JALAPEÑOS

 ¿Salsa de hongos? Lo creas o no, es un cambio agradable de la típica salsa hecha a base de tomate. Si le gustan los hongos tanto como a mí, probablemente estás saboreando con la idea de los hongos como ingrediente principal en una salsa. En realidad los hongos no están *en* la salsa, más bien los hongos *son* la salsa. La adición de jugo de limón ablanda la textura de los hongos entre más tiempo se marinen, lo cual permite que el jalapeño y el cilantro trabajen su magia en los hongos y se mezclen todos los sabores para hacer una salsa buenísima. Para quienes no enloquecen por los hongos, nunca digan nunca sino hasta que hayan probado esta salsa.

1 libra de hongos blancos frescos, finamente picados

1 cebolla morada pequeña, finamente picada

2 chiles jalapeños, sin tallo y finamente picados

Un manojo de cilantro, picado

¾ de taza de jugo de limón fresco

1 cucharada de aceite de oliva

Sal

En un tazón combine los hongos, la cebolla, el jalapeño y el cilantro. Agregue el jugo de limón y el aceite de oliva y revuelva ligeramente. Sazone con sal.

Deje reposar un par de horas permitiendo que los sabores se mezclen. Esta salsa sabe mejor a temperatura ambiente.

Sirve como guarnición encima de pescado, pollo, o carne asada, o como botana con una canasta de sus totopos favoritos.

RINDE 3 TAZAS

SALSA VERDE

Amo las salsas bien picantes, pero mi esposo no, así que esta salsa es para él y todos aquellos, que como él, prefieren una salsa sin mucho picor. Los tomatillos no fueron algo que comíesemos mientras crecíamos. Lo sé, lo sé, pero ahora sí los tenemos y son magníficos para cocinar. Lo que más me gusta de esta salsa es la acidez de los tomatillos. La combinación de los tomatillos y el ajo tostado, los chiles, la cebolla y el cilantro le dan a esta salsa mucho sabor sin ser muy picante. Puede servir salsa verde con tostadas caseras, un queso fresco tibio, o simplemente servido encima de huevos en la mañana.

8 tomatillos, sin cáscara y lavados

2 dientes de ajo, sin pelar

2 chiles serrano, sin tallo y picados rústicamente

1 chile jalapeño, sin tallo y picado rústicamente

¼ de cebolla amarilla, picada

Un manojo de cilantro

½ cucharadita de sal

Ponga a hervir los tomatillos en suficiente agua para cubrirlos por unos 15 minutos. Retire los tomatillos del agua y deje enfriar antes de licuar.

Tueste el ajo en seco, con su cáscara, en una sartén hasta que la piel se empiece a chamuscar lo que llevará como unos 10 minutos. Deje enfriar y retire la cáscara.

En una licuadora coloque los tomatillos, el ajo, los chiles serrano y jalapeño, la cebolla, el cilantro, y la sal. Licúe por 1 minuto. No licúe demasiado. La salsa debe estar espesa y no muy molida. Rectifique la sazón y agregue sal, si es necesario.

RINDE 2 A 3 TAZAS

SALSA CASERA DE JESUSITA

Ésta es la salsa que mi mamá preparaba con sus propias manos. No me puedo imaginar cómo podía exprimir los chiles asados con sus manos sin quemarse. Realmente es algo increíble. Me encantaba tanto su salsa casera que hacia burritos de salsa, uno tras otro, hasta que mi mamá me detenía. Ella se preocupaba de que me fuera a comer todo sin dejarle salsa al resto de la familia o de que me doliera el estómago. Por suerte heredé su estómago de hierro, porque jamás me ha dolido el estómago por comer demasiada salsa o chile picante.

6 a 7 chiles Anaheim, asados y sin piel

1 o 2 chiles jalapeños, asados (opcional)

½ cucharadita de sal

3 dientes de ajo, finamente picados

1 lata (14.5-onza) de tomates enteros

¼ taza de puré de tomate

En un procesador de alimentos o una licuadora, muela por tan sólo unos segundos los chiles asados y los jalapeños, si es que va a utilizar, la sal, el ajo, los tomates enlatados y el puré de tomate. No debe licuar de más – una salsa espesa tiene el mejor sabor.

Esta salsa es el aperitivo perfecto junto con una canasta de sus totopos favoritos o bien como base de muchas de nuestras recetas.

RINDE 3 TAZAS

SALSA DE CHILE DE ÁRBOL

 El sabor ahumado de esta salsa combina bien con la carne de res y Mamá siempre sirve esta salsa con su falda de res (página 155). De hecho, siempre puedo contar con encontrar esta salsa en el refrigerador de Mamá. A ella y a mí nos gustan las salsas muy picantes y nos encanta la intensidad de esta salsa. Abuelita siempre tenía una salsa casera no muy picante en su cocina y Mamá siempre tenía una salsa ahumada y picante de chile de árbol en el suyo. Tengo que confesar que Mamá y yo hemos comido un tazón entero de esta salsa con una bolsa de totopos en una sentada en más de una ocasión. Mi hermano (que no es muy aficionado de los chiles picantes) una vez nos miró con horror cuando nos acabamos toda la salsa.

1 cucharadita de aceite de canola

20 chiles de árbol, sin tallo (no retire las semillas)

1 cebolla blanca pequeña, picada

2 dientes de ajo, machacados

1 taza de tomates enteros enlatados sin piel

1 (8-onza) lata de puré de tomate

1 cucharadita de sal

Caliente el aceite de canola en un sartén mediano a fuego medio. Agregue los chiles y dórelos de 1 a 2 minutos, revolviendo constantemente, para que los chiles se doren bien y cambien de color.

Agregue la cebolla y el ajo. Fríalos por 2 minutos, otra vez, revolviendo constantemente.

Transfiera los ingredientes fritos a un procesador de alimentos o a una licuadora y agregue los tomates enteros, el puré de tomate y la sal. Licúe hasta que la salsa esté bien molida y hayan quedado algunos trocitos de chile; sazone con sal.

Sirva a temperatura ambiente o ligeramente fría. Sirva como salsa para botanas o para acompañar sus tacos o tostadas favoritos. La salsa de chile de árbol se puede guardar en el refrigerador de 3 a 5 días, o congelarse por varias semanas.

RINDE 2½ TAZAS

bebidas

MARGARITAS DE NARANJA ROJA Y MEZCAL

¡El mezcal y las naranjas rojas son una pareja hecha en una coctelera! Si le encanta el tequila tanto como a mí (y de verdad me encanta) entonces valdrá la pena tener la experiencia de probar el mezcal. El mezcal no es el tequila de los tiempos de antes, con un gusano aterrador en el fondo de la botella. El mezcal ha cambiado mucho y las variedades disponibles hoy en día son más que dignos de las naranjas rojas. Si no tiene mezcal o solamente prefiere usar algo que ya conoce, el tequila añejo es lo que querrá usar porque tiene unas notas profundas y obscuras similares a las del mezcal. ¡Salud!

El jugo de 3 naranjas rojas

El jugo de 3 naranjas Cara Cara

El jugo de 3 limones

4 onzas de mezcal

2 cucharadas de jarabe simple (página 105)

Hielo

Sal (para escarchar los vasos)

Ponga los jugos recién exprimidos en una coctelera de martini. Añada el tequila, el jarabe simple y el hielo. Agite y divida en partes iguales entre dos vasos de margarita escarchados con sal. Decore con una rodaja de naranja roja o con una ramita de menta.

RINDE 2 MARGARITAS

MARGARITA DE ARÁNDANO

 ¡Hola, tequila! Te presento al delicioso y magnífico arándano de color rojo rubí. Juntos estos dos ingredientes hacen una apetitosa bebida festiva que deslumbrará a tu paladar. Los arándanos ya no son sólo para Acción de Gracias, ahora puede disfrutar de esta baya agria con un poco de Grand Marnier, tequila y jugo de naranja recién exprimido.

1 taza de azúcar granulada

El jugo de 4 naranjas

1 (16-onza) bolsa de arándanos frescos

15 onzas de su tequila preferido

5 onzas de Grand Marnier

AGITADOR DE COCTEL DE ARÁNDANOS

1 (16 oz.) bolsa de arándanos

10 palillos de bambú

½ taza de jarabe claro de maíz

⅓ taza de agua

1 taza de azúcar granulada

En una cacerola a fuego medio derrita el azúcar en el jugo de naranja. Agregue los arándanos y cocine a fuego lento durante 10 minutos. Retire la mezcla de arándano del fuego y deje enfriar. Licúela en una licuadora y cuele los sólidos. Refrigere la mezcla hasta que la vaya a utilizar. Se cuaja cuando se enfría, por lo que deberá sólo agitarla antes de usarla.

Para cada margarita, coloque el hielo picado, 1½ onzas de tequila, ½ onza de Grand Marnier y 2 onzas de puré de arándanos en una coctelera. Agite bien. Vierta la bebida en una copa de martini con el borde escarchado de azúcar. Añada un agitador de coctél de arándano para adornar.

PARA ENSAMBLAR LOS AGITADORES DE COCTÉL DE ARÁNDANOS:

En una coladera enjuague los arándanos y deje que se sequen. Acomode varios arándanos en los palillos dejando una parte del palillo expuesto para que tenga de donde detenerlo.

En una taza grande mezcle el jarabe claro de maíz con el agua para adelgazar el jarabe. Ligeramente unte y cubra con esta mezcla los arándanos que acomodó previamente en los palillos. Espolvorée azúcar por encima de cada agitador de coctél de arándano.

Coloque los agitadores del coctél de arándano en papel encerado y ponga en el congelador para que se adhieran. Esto se puede hacer una hora antes de servir o el día anterior.

RINDE 10 BEBIDAS

MARGARITAS DE ARÁNDANO VÍRGEN (SIN ALCOHOL)
Sustituya el tequila y el Grand Marnier por 2 onzas de sidra burbujeante.

MARGARITA CONGELADA DE TUNA

 Mi abuela tenía varios nopales que crecían a lo largo de la cerca en su jardín en El Paso. Juntas solíamos cortar las tunas de los nopales, para luego pelarlas y comernos la fruta dulce. Como un homenaje a mi abuela - quien amaba sus tunas y el color rosa - dedico esta hermosa margarita rosada en su honor.

4 tunas, peladas y cortadas en rebanadas

¼ taza de agua

3½ tazas de hielo triturado

3 onzas de jugo de limón recién exprimido

3 onzas de limonada congelada

6 onzas de Tequila Plateado

4½ onzas de Triple Sec

3 cucharadas de jarabe simple (página 105)

Rebanadas de carambola (fruta estrella)
 o rodajas de limón y sal gruesa para la
 guarnición

En una licuadora licúe las tunas con el agua para hacer un puré. Cuele a un tazón y descarte las semillas.

Coloque el hielo triturado en una licuadora. Agregue puré de tuna, jugo de limón, limonada congelada, tequila, triple sec y el jarabe simple; tape y mezcle los ingredientes.

Escarche las orillas de 6 copas para margarita con sal gruesa. Vierta la mezcla de tuna a las copas; añada una rebanada de carambola o una rodaja de limón para adornar y sirva de inmediato.

RINDE 6 MARGARITAS

MARGARITA DE PÉRSIMO

Hace unos años, mi marido y yo estábamos de visita con su tía Celia en Davis, California y ella tenía una pila de fruta otoñal en su mesa. Cuando la tía Celia me vió mirando la fruta con curiosidad, me dijo que era un pérsimo. Nunca había probado esta fruta, la mordí como si fuera una manzana y fue amor a primera mordida. Adelantemos el reloj unos quince años: yo estaba en el supermercado, cuando mire estos pérsimos de nuevo. El otoño, *Halloween*, o el Día de los Muertos son las ocasiones perfectas para servir estas margaritas de pérsimo únicas de color naranja vibrante.

1½ tazas de azúcar granulada, dividida

1 taza de agua

¼ taza de canela molida

Limones, cortados en cuartos y en rodajas

3 o 4 pérsimos (vea la nota)

2 tazas de tequila reposado

8 onzas de jugo de limón

Cubos de hielo

En una cacerola a fuego medio combine 1 taza de azúcar con el agua. Deje que el azúcar se derrita, haciendo un jarabe simple. Retire del fuego y deje enfriar.

En un plato para ensaladas, combine la ½ taza de azúcar restante y la canela molida. Moje las orillas de 8 copas para margarita con un limón. Sumerja las orillas de las copas en la mezcla de azúcar y canela asegurándose de que las orillas queden cubiertas uniformemente.

Retire la cascara de los pérsimos y licúe. (Necesitará 2 tazas de puré para hacer 8 margaritas.)

Para cada bebida, un una coctelera, combine 2 onzas del puré de pérsimos, 2 onzas de tequila, 1 onza de jugo de limón fresco, 2 cucharadas de jarabe simple y hielo. Agite bien y vierta en las copas escarchadas con azúcar y canela. Adorne las copas con una rodaja de limón.

RINDE 8 MARGARITAS

Nota: Hay muchas variedades de pérsimos pero los dos más vendidos en los Estados Unidos son los Hachiya y los Fuyu. Los pérsimos Hachiya tienen forma de avellana y por lo general son agrias hasta que estén suaves y listas para comer. Los pérsimos Fuyu son parecidos a un tomate aplastado, son más pequeños y más dulces y son comestibles mientras están firmes. Para esta receta preferimos la variedad Fuyu.

MOJITO

Hay algo especial del mojito que atrae a mi paladar. Desde el momento en que probé mi primer mojito, quedé fascinada. Incluso empecé a plantar mi propia menta sólo por esta bebida. Aunque se trata de una bebida de Cuba, me encanta porque tiene un estilo universalmente latino con mucho jugo de limón, menta y por supuesto, ron. Mezcle esta bebida con un agitador de coctél decorativo o intente usar palillos de caña dulce. El triturado es el paso más importante para hacer un buen mojito, así que no lo haga en exceso. Todo lo que necesita hacer para triturar es presionar la menta suavemente para liberar los aceites que darán a su mojito un potente sabor a menta. Una vez que domine el triturado, el resto será muy fácil.

12 hojas de menta

2 onzas de jugo de limón fresco

1 cucharadita de azúcar pulverizada

½ cucharadita de azúcar granulada

½ taza de hielo triturado

2 onzas de ron blanco

2 a 3 onzas de agua mineral helada

2 rodajas de limón, para adornar

1 ramita de menta, para adornar

Coloque las hojas de menta en un vaso alto de vidrio (estilo *highball*) y añada el jugo de limón, los azúcares y macháque ligeramente: aplaste las hojas de menta el jugo de limón y los azúcares con una cuchara de madera. Al machacar, se libera el aceite de las hojas de menta. No querrá hojas trituradas de menta flotando en su bebida, además de que se pueden meter entre los dientes – así que presione ligeramente.

Después de machacar, agregue hielo triturado, ron, y agua mineral. Adorne con una rodaja de limón y una ramita de menta.

RINDE 1 MOJITO

MOJITO DE PÉRSIMO

Después de probar la receta de Margarita de Pérsimo, a Jeanine, nuestra fotógrafa, se le ocurrió un mojito de pérsimo y me pareció una idea brillante. Mucha menta y jugo de limón hacen que este mojito sea exóticamente aromático y apetecible. El pérsimo está de temporada de septiembre a diciembre con su punto más alto en noviembre, haciendo que esta bebida sea perfecta durante el otoño y el invierno.

1 pérsimo (recomendamos la variedad Fuyu)

10 hojas de menta

4 cucharadas de jugo de limón fresco

½ taza de hielo triturado

3 cucharadas de jarabe simple (página 105)

2 onzas de ron claro

Agua mineral

Rodajas de limón

Ramitas de menta (opcional)

Coloque el pérsimo ya pelado en una licuadora o extractor de jugos y licúe; reserve. Coloque la menta y el jugo de limón en un triturador. Machaque tan sólo por el tiempo necesario para liberar el aceite de las hojas de menta.

Coloque el hielo triturado en un vaso alto (tipo highball). Añada 3 cucharadas del puré de pérsimo, el jugo de limón y hojas de menta trituradas, el jarabe simple y el ron. Termine de llenar el vaso con agua mineral. Agite ligeramente y sirva adornado con una rodaja de limón y una ramita de menta.

VARIACIÓN: MOJITO DE PÉRSIMO VÍRGEN (SIN ALCOHOL)

1 pérsimo (recomendamos la variedad Fuyu) pelado y hecho puré

10 hojas de menta, maceradas

4 cucharadas de jugo de limón fresco

4 onzas de refresco sabor lima-limón

Hielo triturado

Rodajas de limón

Coloque hielo triturado en un vaso alto (tipo highball). Añada 3 cucharadas de puré de pérsimo, menta triturada, jugo de limón y termine de llenar el vaso con el refresco de lima-limón; agite ligeramente.

Sirva adornando con una rodaja de limón y una ramita de menta.

RINDE 1 MOJITO

CALIENTITO

Me encantan los recipientes naturales y tuve una idea divertida de cómo servir este "calientito": en una pera asiática ahuecada. Es mucho más encantador y "ecológico" que un vaso de plástico y hasta te puedes comer la pera cuando termines. La fusión del tequila con la trilogía de especias de invierno—canela, clavo de olor y anís—es una combinación cálida y acogedora que alivia tanto la garganta como el estómago. Mientras prepara esta bebida toda la casa tendrá un olor delicioso que tentará a sus invitados. Qué gran manera de dar la bienvenida a sus invitados - con una pera asiática delicadamente preparada llena de la calidez del invierno.

3½ tazas de néctar de pera

1 o 2 rajitas de canela

3 clavos de olor enteros

4 anís estrellas, enteros

¾ taza de tequila dorado o reposado

4 a 6 peras asiáticas (opcional)

Combine el néctar de pera, rajitas de canela, clavos y el anís estrella en una cacerola mediana. Ponga a hervir, luego reduzca el fuego y cocine a fuego lento por 10 a 15 minutos.

Añada el tequila y revuelva para incorporar.

Corte la parte superior de las peras y con mucho cuidado usando un cuchillo afilado delinée un borde para sus tazas de pera. Con una cuchara para hacer bolitas de melón o con una cuchara normal ahueque las peras asegurándose de dejar como un ¼ de pulgada en la parte inferior y alrededor de los bordes, creando una taza.

Vierta el néctar caliente en las tazas de pera y ¡disfrute!

RINDE 4 A 6 BEBIDAS

LA LLORONA

 Esta bebida embriagante se inspiró en una noche de Halloween, cuando yo estaba usando hielo seco en un tazón de ponche. El sendero misterioso de humo tenue creado por el hielo seco parecía el vestido largo que lleva La Llorona. La Llorona, según el folclore antiguo de México, era una hermosa mujer que ahogó a sus hijos para estar con un hombre y cuando él no quería tener nada que ver con ella, se volvió loca. En el más allá, ella camina al lado del agua, lamentándose y buscando a sus hijos. Es un tema de conversación perfecta para una fiesta de Halloween, pero puede omitir el hielo seco para contar con una deliciosa bebida en cualquier época del año.

3 onzas Pisco Brandy

1 onza de jugo de limón fresco

1 onza de jugo de lima fresca

1½ cucharadas de azúcar granulada

Unas gotas de amargo de Angostura

Hielo triturado

Hielo seco (opcional)

En una coctelera llene de hielo triturado, mezcle el brandy, los jugos de limón y lima y el azúcar. Cubra y agite vigorosamente por unos 15 segundos y cuele hacia una copa de cóctel. Adorne con unas gotas de amargo. Agregue un poco de hielo seco para un efecto espeluznante.

RINDE 1 BEBIDA

Nota: El hielo seco es bastante seguro para usar en bebidas, pero no lo debe tocar. Espere a que se derrite el hielo antes de beber porque podrá quemarse la piel.

EL MARTINI DEL CHUPACABRAS

 El Chupacabra es un monstruo mítico conocido por su cacería nocturna y como el culpable de las muertes extrañas de ganado. Hay varias descripciones del monstruo, en las que se cree que es pesado y del tamaño de un pequeño oso con una hilera de espinas que se extienden desde la cabeza hasta la cola. Mi fascinación por este monstruo mítico me inspiró para inventar una bebida en su nombre. Este martini mezcla el vibrante jugo de naranjas rojas con el açaí, que es un afrodisiaco brasileño explosivo, haciendo de éste un exótico coctél de color rojo brillante lleno de drama y sabor. El jugo de açaí es en realidad muy saludable y tiene 33 veces el contenido de antioxidantes que las uvas que se usan para el vino tinto. Esta bebida contiene toques de guayaba y néctar de piña, las cuales son frutas de Puerto Rico (donde se reportaron los primeros avistamientos del Chupacabras). Los tonos sutiles del ron de coco hacen que esta bebida sea igualmente peligrosa, por la cual se debe beber con precaución.

Jugo recién exprimido de 4 naranjas rojas o
    1 taza de jugo de naranja

4 onzas de ron de coco

2 onzas de jugo de açaí

1 onza de néctar de guayaba

1 onza de néctar de piña

1 taza de hielo triturado

1 naranja, cortada en rebanadas para la
    guarnición

1 carambola (fruta estrella) (opcional), cortada
    en rebanadas para guarnición

En una coctelera combine todos los ingredientes con hielo. Agite hasta que se mezclen bien y cuele a 2 copas para martini.

Adorne cada copa con una rebanada de naranja y de carambola. Sirva.

RINDE 2 BEBIDAS

SANDÍATINI

La sandía se presta a tantas recetas refrescantes y fáciles de preparar durante los meses de verano, y éste es uno de ellos. Todo lo que tiene que hacer es preparar agua de sandía y tendrá la base para éste cóctel para adultos. Es la bebida que sigue dando. Sirva el agua de sandía a los niños durante el día y luego añada un chorrito de ron de coco y agua mineral y sirva a los adultos. ¡Salud!

3 onzas de ron de coco

3 onzas de agua de sandía (página 101)

1 onza de agua mineral, helada

Hielo

Hojas de menta

Vierta el ron, el agua de sandía, y el agua mineral a una coctelera. Agregue unos cubos de hielo y agite vigorosamente. Cuele en una copa helada para martini y adorne con menta.

RINDE 1 BEBIDA

SANGRÍA MEXICANA

El ingrediente más importante en la sangría tiene que ser el vino, pero no olvide lo importante que son las frutas también. Este abanico de frutas y vino tinto español atrae como ninguna otra bebida. Me gusta comer la fruta suculenta que queda después de que se termina toda la sangría. Cada pedacito está cargado con todo el sabor del brandy así como del vino. Un vaso de sangría va bien con casi cualquier platillo.

2 botellas de vino tinto
   (recomendamos el de Rioja)

2 tazas de brandy

1 taza de jugo de naranja fresco

1 naranja, cortada en rebanadas

1 limón, cortado en rebanadas

1 lima, cortada en rebanadas

1 manzana, sin centro y cortada en rebanadas
   delgadas

1 pera, sin centro y cortada en rebanadas
   delgadas

1 (750 ml) botella de agua mineral, helada

Hielo

Combine el vino, el brandy, el jugo de naranja y las frutas en un recipiente grande o en una jarra de cristal. Cubra y enfríe por completo, al menos 1 a 2 horas o bien, durante toda la noche.

Añada la mezcla de agua mineral cuando esté lista para servir. Sirva con hielo y algunas de las frutas.

RINDE 15 PORCIONES

CHELADA

Cuando probé mi primera chelada pensé, "¿Dónde ha estado esta bebida toda mi vida?" Limones, limones, y más limones hacen que esta bebida sea en verdad refrescante. He visto y probado varios tipos de cheladas y la combinación de los limones, la cerveza y otros ingredientes pueden desencadenar que quienes beben cheladas y micheladas debatan sobre sus ingredientes exactos y el origen de esta bebida. A veces me gusta con jugo picante del tomate, lo cual es más típico de una michelada tradicional, pero la mayoría de las veces me gusta sencilla con jugo de limón recién exprimido y un borde escarchado con sal.

Sal gruesa

¼ taza de hielo

¼ taza de jugo de limón fresco

1 botella (12-onza) de cerveza mexicana (recomendamos Dos XX o Tecate)

Humedezca la orilla de un vaso con jugo de limón y cubra con sal. Agregue el hielo y el jugo de limón y disfrute.

RINDE 1 BEBIDA

CAFÉ CON KAHLÚA

 Siempre pienso en este café como un postre. Supongo que cualquier cosa que esté cubierta con una cucharada de crema batida merece esa distinción. Añada un chorrito de Kahlúa y usted tendrá una taza con una bebida perfecta para disfrutar después de la cena. De cualquier manera que lo prepare, es un rico cafecito para antes o después de una comida. Si le gusta el sabor de la canela tanto como a mí, intente usar una rajita de canela para mezclar la crema. El toque de la canela es sutil y no domina el sabor del café. No sólo es este café un deleite para los ojos, sino que es una delicia que satisface con dulzura al paladar.

10 a 12 tazas de café recién hecho

½ pinta de crema para batir

1 botella de Kahlúa

1 barra de chocolate obscuro o de leche, rallada

10 a 12 rajitas de canela

Prepare el café a su gusto. Yo prefiero el café prensado a la francesa.

Vierta la crema para batir a un tazón y bata con una batidora eléctrica hasta que esté ligera y espumosa.

Para cada taza de café, vierta café a su taza favorita; añada 1 onza de Kahlúa y adorne con una cucharada de crema batida. Espolvoreé con un poco de chocolate rallado encima de la crema batida, agregue una rajita de canela y disfrute esta taza caliente de café con un postre.

RINDE 10 A 12 TAZAS

CHAMPURRADO

El cálido y chocolatoso champurrado es el complemento de de los tamales en las mañanas frías, especialmente en las Posadas, el Día de Muertos y la Navidad. Estos son los momentos más frecuentes de cuando las recetas familiares salían de la caja de recetas, o mejor dicho, de la cocina de mi abuela. Recuerdo con cariño tomar champurrado en las mañanas frías en la casa de mi abuela. Por lo general, era demasiado caliente para beber así que ella lo ponía a enfriar vertiéndolo de una taza a otra. El champurrado es una bebida de chocolate con un sabor delicioso a maíz. Ésta es una bebida pesada que en ocasiones era lo único que teníamos para el desayuno.

3 tazas de agua

2 rajitas de canela

1 anís estrella

¼ taza de masa harina

2 tazas de leche

1.5 onzas de chocolate mexicano (recomendamos Nestlé-Abuelita), picado

3 onzas de piloncillo, picado (o ½ taza de azúcar morena)

En una cacerola grande ponga el agua a hervir con las rajitas de canela y el anís estrella. Retire del fuego, tape y deje reposar por una hora.

Retire las rajitas de canela y el anís estrella, regrese el agua a la estufa a fuego lento y añada poco a poco la masa harina, batiendo hasta que se mezcle bien. Agregue la leche, el chocolate y el piloncillo.

Caliente a fuego medio hasta que hierva. Reduzca el fuego y cocine a fuego lento, sin tapar, revolviendo de vez en cuando, unos 10 minutos o hasta que el chocolate esté completamente derretido y el azúcar se disuelva. Sirva de inmediato.

RINDE 6 PORCIONES

CHOCOLATE CALIENTE
CON CANELA

Solíamos tomar esta bebida caliente en mañanas frías con nuestro desayuno o en noches de invierno. Mi mamá lo preparaba para nosotros, especialmente cuando todas mis sobrinas y sobrinos pasarían la noche en casa. La olla llena de chocolate caliente rendía mucho y salía muy económico. El aroma de la canela hirviendo nos daba el primer indicio de que ella estaba haciendo este maravilloso chocolate. Cuando mis hijos eran pequeños me gustaba hacerlo en el invierno, especialmente alrededor de los días de Acción de Gracias y Navidad. Tomar esta bebida nos trae muchos recuerdos felices.

8½ tazas de agua, divididas

3 rajitas de canela

5 cucharadas de cocoa en polvo

4 cucharadas de fécula de maíz

1 taza de leche evaporada baja en grasa o entera

8 cucharadas de azúcar granulada

Ponga a hervir 8¼ tazas de agua con las rajitas de canela; retire del fuego, tape y deje reposar por 1 hora.

Retire las rajitas de canela y regrese el agua a la estufa a fuego medio-bajo. Agregue la cocoa en polvo, revolviendo hasta que se disuelva.

En una taza por separado, disuelva la fécula de maíz en ¼ taza de agua fría. Revuelva bien para evitar que se formen grumos; agréguela a la olla de agua, revolviendo mientras lo hace.

Añada la leche y el azúcar y deje hervir lentamente, cuidando de retirar del fuego en cuanto empiece a hervir. Espesará un poco y será más cremoso con leche entera.

RINDE 7 A 8 PORCIONES

aguas y
paletas

AGUA DE HORCHATA

 La horchata es una bebida hecha con arroz y especias. A pesar de que es blanca y cremosa, por lo general no contiene leche. A mis hijos y nietos les encanta esta bebida muy antigua y tradicional. Si no tengo tiempo para prepararla cuando me vienen a visitar sé que siempre la puedo comprar en un restaurante mexicano o un supermercado latino. En España la horchata se hace con chufa, pero en México se hace con arroz. La mayoría de las familias latinas le dan su propio giro especial.

Mi sobrina Georgina compartió su receta conmigo y le hice unos cuantos pequeños cambios (como usar jarabe simple en lugar de azúcar granulada y moler el arroz previamente para eliminar el sedimento rasposo y el sabor arenoso). Moler el arroz también ayuda a espesar la bebida.

1 taza de arroz

6 tazas de agua

1 rajita de canela

2 clavos de olor enteros

½ cucharadita de extracto de vainilla puro

2 tazas de jarabe simple mediano (página 105)

En un procesador de alimentos o un molinillo de café muela el arroz hasta que tenga la misma consistencia del café molido.

Ponga a hervir el agua en una cacerola grande a fuego alto. Retire del fuego y añada el arroz molido, la raja de canela y los clavos de olor. Cubra y deje remojar durante 8 horas o toda la noche a temperatura ambiente.

Después de remojar, parta la rajita de canela a la mitad y coloque la mezcla de arroz y canela en la licuadora. Licúe por 2 o 3 minutos.

Vierta el líquido en una jarra pasándolo por un colador fino forrado con una doble capa de gasa. Exprima el exceso de líquido en la jarra y deseche los sólidos.

Agregue la vainilla y el jarabe simple. Cubra y refrigere hasta que esté lista para servir. Agite antes de verter en vasos y sirva sobre hielo.

RINDE 4 A 5 TAZAS

AGUA DE SANDÍA

 Debido a que las sandías son tan baratas durante los meses de verano y abundan tanto en los supermercados como en los puestos campestres ¿por qué no intentar hacer una jarra fría de lo que llamamos agua de sandía? Es casi como tomar una malteada pero sin leche. Después de preparar una jarra para los niños, asegúrese de probar nuestra versión para adultos, Sandiatini (página 85).

8 tazas de sandía, cortadas en cubos y sin semillas

¼ taza de agua

¼ taza de jugo de limón fresco

1¾ tazas de jarabe simple ligero (página 105)

2 limones, cortadas en rodajas para la guarnición

Hojas de menta para guarnición

Mezcle la mitad de la sandía y el agua en una licuadora. Vierta en un colador colocado encima de una jarra grande. Repita con el resto de la sandía y el agua.

Añada el jugo de limón, después el jarabe simple. Revuelva y agregue más jarabe simple, dependiendo de qué tan dulce lo desea.

Conserve en el refrigerador hasta que esté fría. Agite antes de servir y adorne con rodajas de limón y hojas de menta, si lo desea.

RINDE MEDIO GALÓN

AGUA DE JAMAICA

Este té de color rojo rubí se prepara fácilmente con flores de Jamaica secas compradas en paquetes o a granel en un supermercado latino. El agua de jamaica es una bebida que quita la sed de manera sorprendente. Al igual que él té helado, el agua de jamaica se puede hacer tan dulce o ligera como guste. También puede hacer cubos de hielo con el té para que no diluya el sabor del agua de jamaica al agregarlos a una copa. Otra forma de utilizar agua de jamaica es añadir un poco de jarabe simple para endulzarla un poco más y hacer paletas de agua. (Vea la página 104 para una receta de paletas.)

¼ taza de flores secas de jamaica

8 tazas de agua

½ taza de azúcar granulada (más si deseas)

Hielo

Hojas de menta (opcional)

Enjuague y escurra las flores secas en un colador grande.

Ponga a hervir el agua en una olla. Agregue las flores y cubra con una tapadera. Retire del fuego y deje remojar por una hora o hasta que se enfríe.

Cuele el agua de jamaica a una jarra. Agregue azúcar y revuelva. Vierta en vasos altos llenos de hielo y decore con hojas de menta (opcional).

RINDE MEDIO GALÓN

PALETAS

Nos encantan las paletas tanto como a nuestros hijos. Estas recetas sencillas desmitifican el proceso de hacer paletas. Si prepara algunas de nuestras aguas frescas entonces podrá hacer paletas de hielo con facilidad. Y si planifica con anticipación a los meses calurosos de verano, siempre tendrá a la mano paletas de hielo listas para ese día abrasador cuando lo único que se desea es algo frío y refrescante. También me encanta comer una paleta de hielo después de una cena picante. Añadir trozos de fruta a cualquiera de las siguientes recetas para paletas de hielo hace que sea mucho mejor. A continuación encontrará algunas de mis recetas favoritas para paletas de limón, coco, sandia, jamaica y horchata.

PALETAS DE LIMÓN

Jugo de 6 limones
Jugo de 6 limones reales
1½ tazas de jarabe simple
Ralladura de 3 limones
Ralladura de 3 limones reales

PALETAS DE SANDÍA

1¼ tazas de Agua de Sandía (página 101)
1 taza de jarabe simple

PALETAS DE COCO

3 tazas de leche de coco
1½ tazas de jarabe simple
3 cucharaditas de extracto de coco

PALETAS DE JAMAICA

1¼ tazas de Agua de Jamaica (página 103)
1 taza de jarabe simple

En un tazón combine todos los ingredientes necesarios para preparar el sabor de su preferencia. Rellene seis moldes para hacer paletas de hielo (vea la nota en la página 107). Coloque en el congelador al menos 4 horas o durante toda la noche.

RINDE 6 PALETAS DE HIELO DE 3 ONZAS CADA UNA

JARABE SIMPLE

El jarabe simple (medio) se hace con partes iguales de azúcar y agua. El jarabe simple ligero se prepara de la misma forma pero con 2 partes de agua y 1 de azúcar.

2 tazas de azúcar granulada
2 tazas de agua

Combine el azúcar y el agua en una cacerola a fuego bajo. Cocine sólo el tiempo suficiente para que el azúcar se derrita. Retire del fuego y deje enfriar. Guarde el jarabe simple sin usar en el refrigerador. Rinde alrededor de 2½ tazas.

Horchata

Lima

Sandía

Coco

Jamaica

PALETAS DE HORCHATA

Para evitar que se asienten granos finos de arroz en nuestras paletas, lo que ocurre con la horchata, para esta receta preferimos usar leche de arroz comercial y un poco de canela adicional. Siempre puede usar nuestra receta para preparar agua de horchata (página 99), pero deberá tomar en cuenta que algunas partículas de arroz se asentarán en el fondo del molde para paletas. De cualquier modo, las paletas de horchata valen la pena el esfuerzo.

1 taza de agua

1 taza de azúcar granulada

2 rajitas de canela

1¼ taza de leche de arroz sabor vainilla (recomendamos Rice Dream)

Ponga a hervir el agua a fuego alto, agregue el azúcar y mezcle mientras se derrite, aproximadamente 1 minuto. Retire del fuego, añada las rajitas de canela, cubra y deje reposar por lo menos 2 horas. (Rinde cerca de 1¼ tazas).

En un tazón combine 1 taza del jarabe simple de canela con la leche de arroz. Rellene seis moldes de paleta. Coloque en el congelador durante unas 4 horas o toda la noche.

RINDE 6 PALETAS DE HIELO

Nota: Hay muchas compañías que venden moldes para hacer paletas de hielo. Para estas recetas usamos los moldes tradicionales para hacer paletas. También podría usar vasos pequeños desechables de plástico o de papel y palillos de madera para paletas. ¿Recuerda los vasos pequeños Dixie? Esos funcionan muy bien. Si está usando los moldes tradicionales para hacer paletas con tapa, para mantener los palillos en su lugar debería remojar los palillos de madera en agua por unos 30 minutos. Hacer esto evitará que los palillos suban a la superficie mientras se congelan las paletas. Si no va a usar un molde para hacer paletas necesita congelar las paletas por unos 30 minutos sin los palillos de madera. Después de los 30 minutos inserte los palillos de madera para paleta. Esto mantendrá los palillos en posición mientras terminan de congelarse.

aperitivos

BRUSCHETTA CON CHABACANO, QUESO BRIE Y GRANADA

Abuela tenía dos árboles de granada en su patio trasero y cuando era niña, iba a los árboles en busca de un fruto maduro. En cuanto veía uno, no dejaba de dar lata hasta que Abuela me permitiera cortarlo. Al cortar la granada las semillas resbaladizas reventaban y salpicaban la pared y el piso. Abuela nunca se molestó por el desorden que yo hacía. Ella me animaba a sacar todas las semillas que pudiera para ponerlas en una taza para que pudiéramos comer juntas. Ahora que soy adulta, he aprendido una manera más fácil para cortar las granadas frescas sin dejar mancha alguna. Me hubiera gustado haber conocido este truco ingenioso cuando era niña.

Hoy en día las granadas siempre me recuerdan a mi abuela. Me gusta el queso y en especial con fruta. La combinación del queso Brie con mermelada de chabacano y semillas de granada es ¡divina! El Brie de cabra, con su sabor cremoso y ligeramente salado funciona especialmente bien en esta receta y las semillas de granada le dan el balance perfecto de acidez y textura a la suavidad del queso. Lo mejor de esta receta es que es tan fácil que lo puede preparar minutos antes de que lleguen sus invitados. Será amor a primera mordida para los amantes del queso.

1 granada grande

2 dientes de ajo, cortados en rebanadas

2 cucharadas de aceite de oliva

1 baguette francés

1 taza de mermelada de chabacano

4 onzas de un queso Brie suave, (recomendamos Brie de cabra)

Ramitas de romero para la guarnición

Parta las granadas en un tazón lleno de agua para sacar las semillas. Las semillas se hundirán al fondo del tazón y lo demás flotara a la superficie. Tire las membranas blancas y coloque las semillas en otro tazón, reservando 1 taza de semillas.

Precaliente el horno a 400° F.

Combine las rebanadas de ajo con el aceite de oliva y caliéntelos en el horno microondas por 1 minuto para que se impregne el aceite con el sabor del ajo. Corte la baguette en rebanadas de 1/2 pulgada. Unte el aceite impregnado en un lado de las rebanadas de baguette. Acomode las rebanadas en una charola y meta al horno precalentado por 5 o 6 minutos. (No necesita dorarse el pan, sólo queremos que se tueste poquito.)

Unte mermelada de chabacano en el pan tostado. Caliente el queso Brie en el microondas por 10 o 15 segundos. Corte el Brie a la mitad y con una cuchara unte el queso en el pan tostado. Coloque 1 cucharadita de semillas de granada en cada rebanada. Sirva mientras está caliente y decore el plato con ramitas de romero.

RINDE 24 PIEZAS

BROCHETAS DE CAMARÓN

Todo sabe mejor con tocino y estos pequeños bocadillos decadentes no son la excepción. ¿A quien no le encantaría el crujido ahumado y salado del tocino con camarones? Este aperitivo complementará cualquier cena o parrillada – sin importar si usted tiene planes para cocinar dentro de la casa o afuera, en el asador. Estos pequeños bocadillos perfectos se devorarán tan rápido como los vaya preparando, así que prepare el doble de la receta. Sirva con una salsa verde (página 59) al lado para remojar las brochetas.

1 libra de tocino

½ taza de mantequilla con sal, derretida

3 cucharaditas de tequila

1 cucharadita de jugo de limón

1 cucharadita de ajo en polvo

½ cucharadita de pimienta negra molida

½ cucharadita de orégano mexicano seco

20 camarones medianos (como 1 libra), sin cascara

3 chiles jalapeños, cortados en rebanadas delgadas

Palillos de madera, remojados en agua

Precaliente el asador. Cocine el tocino en el microondas a temperatura alta durante 1 minuto. Separe las rebanadas y córtelas a la mitad y deje enfriar.

En un tazón mezcle la mantequilla derretida, el tequila, el jugo de limón, el ajo en polvo, la pimienta negra y el orégano.

Corte los camarones en forma de mariposa, y desvénelos dejando la cola y la última sección intacta. Coloque 2 tiras de jalapeño dentro de cada camarón y ciérrelos de nuevo. Envuelva una media rebanada de tocino alrededor de cada camarón y sujete con un palillo de dientes. Use una brocha de repostería para untar los camarones con la mezcla de mantequilla.

Acomode los camarones envueltos con tocino en una charola para hornear forrada con papel aluminio. Coloque debajo del asador. Ase por 6 minutos, dándoles vuelta después de 3 minutos.

VARIACIÓN: Ésta es una gran receta para hacer en el asador. En lugar de usar palillos de dientes, puede acomodar de 3 a 4 camarones en palillos para hacer brochetas. (Remojar los palillos por al menos 30 minutos antes de usarlos.) Acomode las brochetas en las rejillas del asador y áselos unos 3 o 4 minutos por cada lado. Retire de los palillos y sirva mientras estén calientes.

RINDE ALREDEDOR DE 20 PIEZAS

ELOTE EN VASO

 Al crecer en la ciudad fronteriza de El Paso, vi elote en vaso, vendido en las esquinas de las calles, en bazares y en ferias. Cuando me mudé lejos de casa se me antojaban estos granos de elote humeantes empapados de mantequilla derretida y jugo de limón aromático, cubiertos con queso desmoronado. Ésta es una receta muy sencilla que produce un clásico reconfortante de la cocina mexicana.

10 elotes

3 barras (24 cucharadas) de mantequilla con sal

3 tazas de jugo de limón

3 tazas de crema mexicana o crema agria

Chile en polvo

Sal

Salsa picante (opcional; recomendamos salsa Valentina)

12 onzas de queso salado y desmoronado (de preferencia usar queso Cotija, pero el queso Parmesano también es aceptable)

Limones cortados en cuartos para la guarnición

Deshoje los elotes, retire los hilos y rebane los granos de la mazorca con un cuchillo afilado. Coloque los granos de elote en una cacerola con suficiente agua salada para cubrirlos.

Caliente a punto de ebullición; deje hervir de 2 a 3 minutos, luego escurra los granos de elote. Retire del fuego y regrese los granos de elote a la cacerola.

Para cada porción: Coloque ¾ de taza de granos de elote en un vaso. Agregue 2 cucharadas de mantequilla y revuelva para derretir la mantequilla. Agregue ¼ de taza de jugo de limón y ¼ de taza de la crema. Espolvorée con una capa gruesa de chile en polvo y sal si lo desea. Si le gusta el picante, añada unas gotas de salsa picante para un toque extra picoso. Mezcle bien. Adorne con 2 cucharadas de queso desmoronado y un cuarto de limón.

RINDE 12 PORCIONES

GUACAMOLE

Nos encanta el aguacate y aunque hay muchas maneras de prepararlos, nuestro favorito es un guacamole básico y sencillo. Manténgase alejado de los polvos y cualquier ingrediente de imitación en esta receta y el resultado final será una deliciosa combinación de siete simples ingredientes. Trozos de aguacate, cebollas y tomates hacen una hermosa y deliciosa presentación, así que tenga cuidado de no molerlo demasiado.

4 aguacates maduros

1 diente de ajo, finamente picado

¼ taza de cebolla blanca, finamente picada

1 chile jalapeño, finamente picado (opcional)

1 cucharada de sal

1 tomate mediano, picado

1 a 2 cucharadas de jugo de limón fresco

Corte los aguacates a la mitad. Gire para separar y retire el hueso. Con una cuchara retire la carne del aguacate. Coloque en un tazón mediano y muela el aguacate con un tenedor dejando algunos trozos.

Agregue el ajo, la cebolla, el jalapeño (opcional), la sal y el tomate. Exprima el jugo de limón encima de todos los ingredientes y revuelva ligeramente, pero no demasiado.

VARIACIÓN: Si tiene un molcajete, usando el tejocote muela el ajo, cebolla, jalapeño y la sal hasta que estén bien molidos. Pique los aguacates y agregue suavemente a la mezcla de cebolla, ajo y chile tratando de mantener los trozos de los aguacates intactos. Agregue los tomates y exprima el jugo de limón sobre el aguacate y revuelva ligeramente. Pruebe y sazone con más sal si es necesario. Sirva de inmediato, directamente desde el molcajete (o tazón), con totopos.

RINDE 8 PORCIONES

QUESO FUNDIDO CON CHORIZO

 ¿Quién puede resistir un queso fundido caliente? Añada chorizo picante y un toque de tequila y tiendrá nuestro queso fundido favorito. Préndale fuego al tequila y permita que se queme el alcohol, dejando un queso fundido con un rico sabor ahumado. A veces, cuando salgo con mis amigos, lo único que pedimos son platos de queso como éste, una montaña de tortillas de maíz calientes y unas cervezas. Realmente es todo lo que se necesita para una noche maravillosa. Ah y no olvide la música mexicana de fondo. Aquí está nuestra versión de cómo replicar esto en casa.

5 onzas de chorizo mexicano, sin envoltura

½ taza de cebolla blanca, cortada en rebanadas de ½ pulgada

½ taza de tequila blanco/plateado

12 onzas de queso Quesadilla o Asadero, rallado

1 cucharada de cilantro picado

6 tortillas de maíz o harina, calientes

Precaliente el horno a 350° F.

En una sartén de hierro, que es segura para usarse también en el horno, cocine el chorizo en la estufa casi hasta que esté completamente cocido, por alrededor de 15 minutos. Escurra la grasa excesiva.

Agregue la cebolla al chorizo y cocine hasta que esté dorada. Retire la sartén del fuego. Con mucho cuidado añada el tequila. Regrese al fuego y cocine, sin tapar, por unos 15 a 20 segundos o hasta que todo el tequila se haya evaporado. Retire del fuego.

Agregue el queso y mezcle bien. Coloque la sartén en el horno y horneé sin tapar durante unos 10 a 15 minutos o hasta que el queso se derrita por completo y la parte de arriba este ligeramente dorada. Espolvoreé con cilantro fresco. Sirva con tortillas de maíz o harina.

RINDE 6 PORCIONES

Nota: Si necesita duplicar la receta, no agregue mas tequila, utiliza unicamente ½ taza.

RAJAS CON SUERO
Y QUESO ASADERO

Mi mamá siempre hacia este platillo delicioso para comer con frijoles de la olla (página 215). El suero de leche ha hecho que esta receta sea únicamente nuestra y le da al chile verde una acidez cremosa y un sabor salado perfecto. En especial nos encanta este platillo como parte de nuestro menú de Acción de Gracias. De hecho, ella preparó este platillo para nosotros durante nuestra última celebración de Acción de Gracias con ella, dos meses antes de fallecer. Yo asé los chiles verdes y ella los peló. Ella estaba sentada en su silla de ruedas en la cocina, en donde a ella siempre le gustó estar, dándome instrucciones. Espero que su familia disfrute de este platillo único tanto como nos gusta a nosotros.

1 cucharada de aceite de oliva

½ cebolla amarilla, picada

3 dientes de ajo, picados o 1 cucharada de ajo en polvo

1 tomate, picado (opcional)

1 cucharada de harina

13 chiles Anaheim, asados y pelados (vea la página 20), cortados en tiras delgadas

1 a 2 chiles jalapeños, asados y pelados, (vea la página 20), picados (opcional para un toque extra de picante)

2½ tazas de suero de leche

2 tazas de queso Asadero rallado

Sal

Caliente el aceite en una sartén grande, agregue la cebolla y cocine, revolviendo, hasta que esté traslucida, por unos 2 minutos. Añada el ajo y cocine por 1 minuto, revolviendo constantemente para no quemar el ajo.

Añada el tomate (opcional) y mezcle. Agregue la harina y revuelva por otros 2 minutos.

Agregue los chiles Anaheim asados y los chiles jalapeños y deje cocinar por unos 2 minutos, revolviendo constantemente para combinar todos los sabores.

Añada el suero de leche y deje hervir. Agregue el queso. Tape y retire del fuego. Deje que el queso se derrita antes de servir. Sazone con sal, al gusto.

RINDE 12 A 14 PORCIONES

COCTÉL DE VIEIRAS

Un día caluroso de verano cuando estaba en el mercado, se me antojó una refrescante ensalada sin lechuga. Estaba pensando en un cóctel de camarones, cuando de pronto vi unas hermosas vieiras frescas. Yo nunca había hecho un cóctel de vieiras, pero tenía que intentarlo. Recorrí la sección de frutas y verduras y encontré ingredientes que pensé que podrían ir bien juntos. La combinación de pepinos, jugo de limón, cilantro y aguacate transformó esta ensalada en un aperitivo refrescante tan hermoso como para servir en una copa elegante.

6 a 8 vieiras de mar grandes o 1 taza de vieiras de bahía

1 taza de apio, finamente picado

6 pepinos persas, picados

3 cucharadas de cebolla morada, finamente picada

1 chile serrano, sin tallo y finamente picado

3 cucharadas de cilantro picado

1 cucharada de aceite de oliva

½ aguacate

Ramas de cilantro para guarnición

MARINADA PARA LAS VIEIRAS

3 cucharadas de aceite de oliva

½ taza de miel

¼ cucharadita de sal

Pimienta negra molida

ADEREZO

¼ taza de aceite de oliva extra vírgen

Jugo de ½ limón

Jugo de 1 lima

1 cucharadita sal kosher

Escurra y enjuague las vieiras muy bien, seque con toallas de papel. Combine los ingredientes de la marinada en un tazón. Agregue las vieiras y cubra bien con la marinada. Deje marinar por unos 10 minutos.

Combine los ingredientes para el aderezo en un tazón pequeño. Mezcle bien.

En otro tazón, combine el apio, los pepinos, la cebolla morada, el chile serrano y el cilantro. Añada el aderezo y mezcle bien. Tape y guarde en el refrigerador.

Caliente una sartén anti-adherente a fuego alto y añade 1 cucharada de aceite de oliva. El aceite necesita estar muy caliente antes de agregar las vieiras. Coloque las vieiras con la parte plana hacia abajo en la sartén caliente. No agregue demasiadas vieiras a la vez o bajará la temperatura de la sartén, causando que las vieiras se cocinen al vapor en lugar de freírse. Cocine por 2 o 3 minutos por ambos lados hasta que estén doradas y caramelizadas. Asegúrase de que estén caramelizadas antes de voltearlas. Voltée una sola vez. No las cocine de más o terminarán muy chiclosas. Enfríe brevemente, por unos 2 minutos.

Una vez que estén frías, parta cada vieira en cuatro partes si está usando vieiras grandes. Si está usando vieiras de bahía no hay necesidad de partirlas, úselas enteras. Agregue a la ensalada y mezcle.

Retire el hueso y la cáscara de los aguacates y corte en cubos. Agregue a la ensalada justo antes de servir y mezcle ligeramente. Sirva en copas y adorne con ramitas de cilantro fresco.

RINDE 4 A 6 PORCIONES

CEVICHE DE CAMARÓN

El ceviche es marisco marinado en jugos cítricos como limones y limones reales. Nosotros no crecimos cerca de la playa y casi no comíamos mariscos. Pero después de salir de El Paso, empecé a comer más mariscos y rápidamente me enamoré de ellos, especialmente del camarón. La primera vez que comí ceviche fue en Mazatlán cuando tenía unos veinte años y decidí recrear la magia de vuelta en casa. Este ceviche es muy sencillo y fresco. La mejor parte es que no hay que cocinar en lo absoluto, así que es perfecto para hacer en el verano. Es un buen aperitivo con totopos, o como una comida ligera servida en tostadas.

4 libras de camarones tigre grandes y crudos

Jugo de 6 limones reales

Jugo de 4 limones

4 tomates de enredadera, sin semillas y picados

1 cebolla morada pequeña, picada

2 chile serranos, finamente picado

1 pepino, pelado, sin semillas y picado

Manojo de cilantro, picado, más varias ramitas para la guarnición

2 aguacates, pelados, sin hueso, cortado en cubos

1 cucharadita de aceite de oliva

1 cucharadita de sal

¼ cucharadita de pimienta negra molida

2 bolsas de totopos o tostadas enteras

Pele, desvene y corte los camarones en pedazos de ¼ de pulgada.

Acomode los camarones en un refractario grande de vidrio. Vierta los jugos de limón real y de limón encima de los camarones, mezcle bien y refrigere por 2 horas, revolviendo de vez en cuando. El ácido de los limones reales y de los limones "cocinarán" el camarón.

Mezcle el camarón preparado con los jugos con los demás ingredientes (excepto los totopos) y refrigere por una hora o más. Puede preparar esta receta una noche antes, permitiendo que se mezclen los sabores durante toda la noche.

Sirva frío con totopos o tostadas enteras.

RINDE 10½ TAZAS

COCTÉL DE CAMARONES

 Mi mamá solía hacer este coctél picante de camarón para las fiestas de Nochebuena o Año Nuevo. También vendía este coctél de camarón mexicano en nuestra tienda familiar de abarrotes. Ella lo preparaba diariamente y lo vendía con unas galletas saladas al lado. Había una botella de salsa Tabasco en el mostrador para que los clientes pudieran agregarla a su gusto en sus coctéles. Era un favorito del barrio. La salsa picante del coctél hecha con cebolla, cilantro y aguacates frescos se puede servir como un aperitivo perfecto y fácil de hacer o como una comida saludable, especialmente durante los meses calurosos.

½ taza de cátsup

1½ tazas de jugo de verduras (recomendamos V8)

1 a 2 cucharadas de salsa de rábano picante (agregando más o menos de acuerdo con su tolerancia de lo picante)

Jugo de 2 limones

½ cucharadita de salsa picante embotellada

⅛ cucharadita de ajo en polvo

¼ taza de cebolla morada, finamente picada

¼ taza de cilantro picado

1 libra de camarón pequeño, sin cáscara, desvenada y cocida

1 aguacate, pelado, sin hueso y finamente picado

Galletas saladas o totopos, para servir

Combine el cátsup, el jugo de verduras, la salsa de rábano picante, el jugo de limón, la salsa picante y el ajo en polvo hasta que estén bien mezclados. Pruebe y añada más salsa de rábano picante o salsa picante si lo desea más picoso.

Agregue la cebolla, el cilantro, los camarones y mezcle bien. Agregue el aguacate y revuelva ligeramente.

Tape y refrigere por 2 a 3 horas.

Sirve en vasos de 4-onzas con galletas saladas o totopos.

RINDE 4 A 6 PORCIONES

caldos

ALBÓNDIGAS

El trío exótico de cilantro fresco, semillas de cilantro secas y pétalos de azafrán le da a esta sopa su sabor distintivo. Yo digo que si no tiene estas tres especies no es una sopa de albóndigas. Algunas sopas son buenas para disfrutar antes de empezar con la comida, pero esta sopa es el plato principal. Con las albóndigas cuidadosamente elaboradas, verduras abundantes y arroz quedará más que satisfecho. Recuerdo con cariño como mi abuela le daba forma a cada albóndiga pequeña. Siempre me he preguntado cómo le hacía para hacer que cada albóndiga miniatura quedara exactamente del mismo tamaño. La próxima vez que quiera un platillo perfecto para combatir el frío, pruebe un tazón de esta sopa de albóndigas, una pila alta de tortillas de maíz recién hechas y una salsa casera. ¡Ay, qué bueno!

ALBÓNDIGAS

1 libra de carne molida de res, sin grasa

1 cucharadita de ajo en polvo

1 cucharadita de sal

1 cucharadita de pimienta negra molida

¼ taza de cebolla amarilla, picada

¼ taza de arroz de grano largo

CALDO

2 cajas (32-onza) de caldo de pollo

2 tazas de agua

1 cucharada de sal

1 cucharada de aceite de oliva

¼ taza de arroz de grano largo

½ taza de cebolla amarilla, picada

2 tomates grandes, picados

4 dientes de ajo, picados

2 a 3 papas, cortadas en cubos

2 zanahorias, peladas y cortadas en rebanadas

3 tallos de apio, picados

¼ taza de puré de tomate

¼ cucharadita de semillas de cilantro molidas

3 a 4 cucharadas de cilantro picado

½ cucharadita de pétalos de azafrán

Ramitas de cilantro y limón partido para la guarnición

(CONTINUACIÓN)

ALBÓNDIGAS
(CONTINUACIÓN)

PARA PREPARAR LAS ALBÓNDIGAS:

En un tazón grande combine la carne de res molida con el ajo en polvo, sal, pimienta negra, cebolla y el arroz. Mezcle todos los ingredientes y forme de 36 a 40 albóndigas de 1 pulgada.

PARA HACER LA SOPA:

En una olla grande, ponga a hervir el agua con 1 cucharada de sal. Reduzca a fuego medio y con mucho cuidado añada las albóndigas al agua. Cocine las albóndigas de 10 a 15 minutos o hasta que las albóndigas floten en la superficie y luego disminuya a fuego lento.

En una sartén, a fuego medio, agregue el aceite, el arroz y cocine por unos 2 minutos. Agregue los tomates y el ajo al sartén y siga cocinando por otros 3 minutos. Añada todo el contenido de la sartén a la olla de albóndigas. Añada las papas, la zanahoria y el apio a la olla de albóndigas. Cocine a fuego medio hasta que las verduras estén completamente cocidas, alrededor de 20 minutos.

Añada el puré de tomate, las semillas de cilantro y los pétalos de azafrán y deje hervir para que los sabores se mezclen por unos 10 minutos. Sirva la sopa con al menos 5 albóndigas por tazón.

Adorne con ramitas de cilantro y limón y sirva con tortillas de maíz calientes. Si le gusta una sopa picante, agréguele una cucharada de salsa casera (página 60).

RINDE DE 6 A 8 PORCIONES

CALDO DE POLLO

Éste era uno de los platillos favoritos de mi mamá en los días fríos de invierno, o cuando teníamos un resfriado o gripe. Le calienta hasta el alma y le alivia los molestos dolores corporales que aparecen durante la temporada de frío. Mamá también preparaba esta sopa en los días cuando lavaba ropa, para no tener que pasar demasiado tiempo en la cocina. Para ella, el día significaba un día entero de lavar en el lavadero, tender la ropa afuera para que se secara con el sol, doblar y por último planchar pilas de ropa. Un tazón de esta sopa curativa era la comida perfecta después de un largo día de tanto trabajo.

8 tazas de agua

4 a 6 muslos o piernas de pollo (sin piel opcional)

1 cucharada de sal

4 dientes de ajo, picados

1 cucharada de aceite de oliva

¼ taza de arroz blanco de grano largo

½ taza de cebolla picada

2 tomates roma, picados

2 zanahorias, cortadas en rebanadas

3 tallos de apio, cortados en rebanadas

3 papas tipo Yukón Gold, cortadas en cuartos

⅓ taza de puré de tomate

1 cucharada de cilantro picado

¼ cucharadita de pétalos de azafrán

Limón

En una olla grande (de al menos 10 litros), coloque el agua, el pollo la, sal y el ajo. Hierva durante 15 minutos.

Mientras el pollo está hirviendo, ponga a calentar el aceite en una sartén a fuego medio. Agregue el arroz y cocine, revolviendo de vez en cuando, hasta que se dore, por unos 2 o 3 minutos, cuidando de que no se queme el arroz. Añada la cebolla y siga cocinando hasta que la cebolla esté traslucida, por unos 2 minutos. Añada el tomate y cocine por otros 3 minutos y luego agregue esta mezcla a la olla con el pollo.

Incorpore las zanahorias, el apio y las papas al caldo y deje que hierva; reduzca el fuego. Deje cocinar hasta que las verduras estén completamente cocidas, como unos 20 o 30 minutos. Añada el puré de tomate, el cilantro y los pétalos de azafrán durante los últimos 5 minutos. Sirva la sopa, incluyendo una pieza de pollo por plato, sirva con limón, tortillas de maíz calientes (página 41) y salsa casera (página 60).

RINDE 4 A 6 PORCIONES

CALDO DE RES

 Éste era uno de los platillos que mi madre Jesusita preparaba los domingos cuando todos sus hijos la visitaban después de ir a la iglesia. Ella vivía cerca de la iglesia católica a donde la mayoría de nuestra familia asistía mientras nosotros crecíamos y todos llegaban de visita después de misa. Esos son los tiempos que apreciaré por siempre, junto a mi familia alrededor de la mesa con nuestra hermosa Mamá.

11 tazas de agua

1½ libras de huesos para caldo

1½ libras de muslos de res, cortados en 3 o 4 pedazos

1 cucharada de sal

3 dientes de ajo, picados

½ cebolla blanca o amarilla, cortada en cuadros de 1 pulgada

½ repollo, picado

1 zanahoria grande, cortada en rebanadas

2 tallos de apio, cortados en rebanadas

2 papas tipo Yukón Gold, peladas y cortadas en cubos

2 calabacitas mexicanas, cortadas en rodajas

2 tomates, picados

1 elote fresco, cortado en rebanadas de 1 pulgada

¼ taza de puré de tomate

¼ cucharadita de pétalos de azafrán

¼ cucharadita de semillas de cilantro secas y molidas

3 cucharadas de cilantro picado

3 limones, cortados en cuartos (opcional)

Ponga a hervir el agua en una olla grande a fuego alto.

Añada los huesos para caldo, los muslos de res, la sal, el ajo y la cebolla; deje hervir por unos 10 minutos. Ponga a fuego lento, tape la olla y deje cocinar por 2½ a 3 horas o hasta que la carne de los huesos se ablande. Retire la espuma que se va formando en la superficie.

Agregue el repollo, la zanahoria, el apio, las papas, las calabacitas, los tomates, el elote, el puré de tomate, los pétalos de azafrán, las semillas de cilantro y el cilantro. Deje que todo se cocine por unos 30 minutos, hasta que las papas estén suaves pero no desbaratándose.

Sirva con arroz mexicano y rebanadas de limón al lado, y no olvide las tortillas de maíz.

RINDE 6 A 9 PORCIONES

SOPA AZTECA

Mi lindo esposo gringo es a quien realmente se le ocurrió esta receta. A él le encanta la sopa de tortilla y disfrutaba experimentar asando varios ingredientes antes de llegar a esta aromática receta final. El caldo, el caldo, el caldo – eso es lo que le da a esta sopa su sabor fabuloso. Al utilizar menos verduras el caldo se convierte en la verdadera estrella. La combinación delicada y armoniosa de los tomates asados y las tortillas fritas le permite a uno saborear el sabor del maíz y de los chiles.

10 tazas de agua

2 pechugas de pollo

2 muslos de pollo

3 cucharadas de sal

3 cucharadas de aceite de oliva, divididos

2 chiles anchos o pasilla, sin tallo, sin semillas y cortados en pedazos grandes

4 tomates medianos

½ cebolla amarilla mediana, picada rústicamente

1 diente de ajo

Pimienta negra molida

⅓ taza de aceite de canola, para freír las tiras de tortilla

14 tortillas de maíz blancas o amarillas, cortadas en tiras de ¼-pulgada

2 aguacates, pelados, sin hueso y cortados en cubos

2 tazas de queso Quesadilla o Asadero, rallado (opcional)

Repollo rallado, (opcional)

2 limones, cortados en cuatro

Ponga a hervir el agua en una olla. Agregue las pechugas de pollo, los muslos y la sal; reduzca el fuego y deje cocinar hasta que se ablande el pollo, por unos 30 minutos. Retire el pollo del caldo, déjelo enfriar y desmenuce. Retire el caldo de pollo del fuego.

Ponga a calentar 1 cucharada de aceite de oliva a fuego alto y fríe rápidamente los pedazos de chile por 1 a 2 minutos por ambos lados. Cuide de no quemar los chiles o tendrán un sabor amargo.

Precaliente el asador y ase los tomates en una charola para hornear unos 20 minutos, dándoles vuelta después de 10 minutos para asar por ambos lados. Los tomates deberían estar muy blandos y ligeramente chamuscados después de asados. Retire únicamente los pedazos de cáscara chamuscada.

(CONTINUACIÓN)

SOPA AZTECA
(CONTINUACIÓN)

Licúe los tomates asados, chiles fritos, cebolla y el ajo en una licuadora. Coloque las 2 cucharadas de aceite de oliva restantes en una olla honda a fuego alto. Añada los ingredientes licuados y fríe por unos 5 minutos. Añada el caldo de pollo y cocine por 30 minutos.

Agregue el pollo desmenuzado (piezas enteras de pollo) y cocine por otros 10 minutos. Añada más sal y pimienta negra, si es necesario.

En un sartén grande, caliente el aceite de canola a fuego medio-alto y fríe las tiras de tortilla hasta que las orillas estén doradas, por unos 45 segundos. Transfiera las tiras a toallas de papel para escurrirlas.

En tazones separados sirva el aguacate en cubos, el queso rallado, el repollo rallado y las rebanadas de limón.

Sirva la sopa en tazones y adorne con un manojo de tiras de tortilla. Cada persona podrá añadir al gusto los cubos de aguacate, el jugo de limón, el queso y el repollo rallado.

RINDE 6 A 8 PORCIONES

SOPA DE LENTEJAS

Mi mamá hacia sopa de lentejas muy a menudo, especialmente durante la Cuaresma. Una vez que salí de casa empecé a hacer esta deliciosa sopa para mis hijos. Con el paso de los años he hecho algunos cambios a la receta para que sea más completa con la adición de zanahorias, apio, tomates y espinacas. Cuando hago esta sopa al final del invierno o a principios de primavera, siempre me acuerdo de mamá; era uno de sus caldos favoritos. Hoy en día veo muchas recetas de sopa de lentejas que suenan deliciosas con ingredientes exóticos y otras adiciones, pero siempre la preparo como sigue, con ingredientes sencillos que resaltan el sabor terroso de las lentejas.

2 tazas de lentejas crudas

10 tazas de agua

1 cucharada de sal

1 cucharada de aceite de oliva

½ taza de zanahorias picadas

2 tallos de apio, picados

2 tomates roma o de enredadera, picados

½ taza de cebolla amarilla picada

1 diente de ajo, picado

1 taza de espinacas cortadas rústicamente

Limpie las lentejas retirando las piedritas que a veces se presentan. Enjuague las lentejas en una coladera con agua fría.

Ponga a hervir el agua y la sal en una olla grande a fuego alto. Después de que el agua empiece a hervir, añada las lentejas y reduzca el fuego. Tape y cocine hasta que las lentejas se ablanden, unos 15 minutos.

Mientras las lentejas se cocinan, caliente el aceite en un sartén grande a fuego alto. Agregue las zanahorias el apio y los tomates y salteé por unos 5 minutos. Agregue la cebolla y fríala por más o menos 2 minutos, hasta que esté traslucida. Incorpore el ajo y salteé por 1 minuto.

Usando un machacador de papas, machaque las lentejas rústicamente hasta tener la consistencia deseada. Añada las verduras salteadas y cocine por 15 minutos. Agregue las espinacas y mezcle. Sazone con sal.

Sirva en un tazón grande y acompañe con su pan favorito.

RINDE 8 A 10 PORCIONES

MENUDO

Menudo, ¡el desayuno de los campeones! Nada cae mejor después de una larga noche de celebración. La Nochebuena, el día de Año Nuevo y los días fríos de invierno son mis momentos favoritos para comer menudo. Si tiene tiempo, mucha paciencia y conoce el valor de esta deliciosa receta, entonces el menudo espera que usted realice un valiente esfuerzo. El menudo sabe mejor acompañado con cebolla picada, orégano triturado (que libera sus aceites aromáticos), una pizca de hojuelas de chile rojo y unas gotas de jugo de limón. Gracias, Mamá, por mantener viva la receta de nuestra abuela.

5 libras de pancita de res, cortada en pedazos de 1 pulgada

3 patas de buey

5 patas de cerdo

18 tazas de agua, dividida

14 dientes de ajo, picados, divididos

1½ cebollas blancas, cortadas en cuartos

2 cucharadas de sal, dividida

6 tazas de Chile Colorado (página 25)

1 lata (6 libras) de maíz pozolero blanco, escurrido

2 cucharaditas de orégano mexicano seco

GUARNICIONES

1 cebolla blanca grande, picada

Limón

Orégano mexicano seco

Hojuelas de chile rojo

1 docena de bolillos o rollos miniaturas de pan tipo francés

(CONTINUACIÓN)

MENUDO
(CONTINUACIÓN)

Retire la grasa excesiva de la pancita y corte en pedazos pequeños. Lávela muy bien así como también, las patas de buey y de puerco.

En una olla grande (de al menos 10 litros), a fuego alto, coloque 8 tazas de agua y las patas de buey, la mitad del ajo picado, la media cebolla picada y 1 cucharada de sal. Deje hervir sin tapa. Después que empiece a hervir, reduzca el fuego, tape y deje que se cocine por 3 horas.

Añada las patas de cerdo a las patas de buey y deje cocinar por otras 3 horas.

Mientras, en una olla grande (de al menos 14 litros), coloque la pancita, 10 tazas de agua, el ajo restante, la cebolla cortada en cuartos y una cucharada de sal. Deje hervir sin tapa. Después de que empiece a hervir, reduzca el fuego, tape y cocine por 3½ horas. La pancita produce líquido extra durante la cocción. Retire 2 tazas y reserve para usar más tarde, si es necesario. (Nunca añada agua de la llave al caldo, porque diluiría el sabor. Use el caldo que reservó.)

Después de haber cocido las patas de buey y de cerdo, agréguelas junto con el líquido a la olla que tiene la pancita. Agregue el chile colorado y el maíz pozolero y deje hervir. Reduzca a fuego lento, tape y deje cocinar por 1½ horas.

Añada el orégano. Retire cualquier grasa que se forme en la superficie antes de servir. En tazones separados coloque las guarniciones sobre la mesa.

Sirva porciones de caldo, carne y maíz pozolero en tazones. Deje que sus invitados añadan las guarniciones a su gusto. Acompañe con bolillo fresco o asado.

Si le sobra menudo, refrigere y retire la grasa que se cuaje en la superficie antes de volver a calentar.

RINDE 18 PORCIONES

POZOLE ROJO

La primera vez que probé el pozole fue en Nuevo México, donde normalmente se escribe posole. Era pozole blanco y fue muy difícil para mí no compararlo con el delicioso y picante menudo rojo que crecí comiendo. Después de ese primer tazón, no tenía interés por aprender cómo prepararlo hasta que conocí a mi esposo, Bill. Él nunca ha sido aficionado del menudo (página 145) y quería que le hiciera una versión que no incluyera pancita. Por suerte para mí, el esposo de mi prima Brenda, Augi, quien tiene familia en Nuevo México y en Chihuahua, México, me presento al pozole rojo y tenía una deliciosa receta que estaba dispuesta a compartir. El pozole rojo es de la región norte de México y se hace mediante la adición de puré de chiles secos al caldo para darle su color distinto. He realizado algunos cambios a su receta en los últimos años y ahora uso nuestra salsa de chile colorado en su elaboración. Este rico pozole repleto de carne blanda de cerdo tiene una consistencia espesa y aterciopelada que a todos les encanta. Así que para aquellos que no están muy dispuestos a probar nuestro menudo exótico, aquí les tenemos una sabrosa alternativa.

CARNE DE CERDO

2½ a 3 libras de lomo de cerdo

3 tazas de agua

CALDO

4 cucharaditas de orégano mexicano seco

4 cucharadas de vinagre de vino tinto

2 cajas (32-onza) de caldo de pollo orgánico

2 tazas de caldo de cerdo, reservado

4 dientes de ajo

1 cebolla blanca, cortada en cuartos

4 cucharadas de harina de todo uso

2 cucharadas de sal de mar

6 tazas de Chile Colorado (página 25) o más si es necesario

4 latas (29-onza) de maíz pozolero, escurrido

7 tazas de agua

GUARNICIONES

1 cebolla blanca grande, picada

Limón

Orégano mexicano seco

Hojuelas de chile rojo

(CONTINUACIÓN)

POZOLE ROJO
(CONTINUACIÓN)

PARA PREPARAR LA CARNE DE CERDO:
Coloque la carne de cerdo y el agua en
una olla de cocción lenta. Cocine a fuego
mínimo por 8 horas. Retire la carne de cerdo
y desmenúcela rústicamente. Retire la grasa
del caldo; le quedarán alrededor de 2 tazas de
caldo. Reserve.

PARA PREPARAR EL CALDO:
En una licuadora, combine la mitad de los
siguientes ingredientes: el orégano, el vinagre
de vino tinto, el caldo de pollo, el caldo de
cerdo reservado, los dientes de ajo, la cebolla,
la harina y la sal de mar; licúe. Vierta la mezcla
de caldo en una olla grande (de al menos
14 litros) o divida la receta entre dos ollas de
8 cuartos de galón. Repita el proceso con
la mitad restante de todos los ingredientes
previamente licuados.

Agregue la carne de cerdo desmenuzada,
el chile colorado, el maíz pozolero escurrido
y el agua a la olla. Tape parcialmente y deje
hervir. Pruebe y añada más chile colorado,
un poco a la vez, para ajustar el picante a su
gusto. Reduzca el fuego y deje cocinar por 45
minutos. Rectifique la sazón y agregue sal si
fuera necesario.

Sirva el pozole en tazones. Deje que sus
invitados agreguen las guarniciones a su gusto.
Sirva con bolillos frescos o tostados.

RINDE 12 LITROS, DE 40 A 48 PORCIONES

Nota: El pozole se conserva muy bien – e
incluso aumenta su sabor al pasar unos días
en refrigeración.

entradas

COSTILLAS DE RES

 De vez en cuando apetezco unas costillas preparadas con humo líquido rodeadas por cuatro verduras básicas: papas, zanahorias, elotes y cebolla. Menos es más y esta receta sencilla siempre es una campeona en nuestra casa. Mi abuela solía añadir tuétano (médula ósea) a este platillo y mi hermano y yo nos peleábamos por quién recibiría el pedazo más grande. El sabor a mantequilla del tuétano esparcido sobre una tortilla de maíz caliente y ligeramente salado, es un gusto adquirido. Incluso si usted no se come la médula por sí mismo, deberá agregarla al plato principal por el sabor increíble que le dará a este plato.

4 libras de costillas cortas de res

2 o 3 piezas de huesos de tuétano (opcional)

1 cucharada de aceite de oliva

8 onzas humo liquido

3 papas rojas, cortadas en cuartos

2 zanahorias, peladas y cortadas en cuartos

2 elotes, cortados en cuartos

1 cucharadita de orégano mexicano seco y triturado

1 cucharadita de perejil seco

1 cucharadita de sal

½ cucharadita de pimienta negra molida

2 hojas de laurel

1 ramita de romero fresco

½ cebolla amarilla, cortada en rodajas

Precaliente el horno a 350° F. Acomode las costillas y los huesos de tuétano, si piensa en usarlos, en una cazuela, una asadera o un refractario.

Ponga el aceite de oliva y el humo líquido encima de las costillas. Rodeé las costillas con las papas, las zanahorias y los elotes. Espolvoreé la carne con el orégano, perejil, sal y la pimienta. Coloque las hojas de laurel y la ramita de romero con las rodajas de cebolla encima de la carne.

Cubra la cazuela, asadera, o refractario con papel aluminio o con una tapa resistente al calor del horno y horneé de 2 a 2½ horas.

Retire el papel aluminio o la tapa y volteé la carne. Vuelva a tapar y horneé por otros 15 a 20 minutos. Las costillas estarán completamente cocidas cuando la carne se desprenda fácilmente al tratar de retirarla del hueso. Retire la hoja de laurel antes de servir.

RINDE 4 A 6 PORCIONES

TACOS DE CARNE DESHEBRADA

 El brisket de res en una de las recetas más fáciles de preparar cuando utiliza una olla de cocción lenta. Sólo encienda su olla de cocción lenta, añada todos los ingredientes, tape la olla y déjelo. Cuando regrese, en 8 a 10 horas la carne se desbarata y estará listo para los tacos. Mamá siempre preparaba brisket de res cuando teníamos una reunión familiar y ahora sé porqué pues es fácil, delicioso y siempre usaba el brisket restante para hacer otra favorita de la familia, flautas de carne deshebrada (página 157).

2 a 4 libras de brisket de res, sin grasa

2 onzas de humo liquido por libra de carne

2 hojas de laurel

12 onzas de cerveza

Sal

Pimienta negra molida

12 a 24 tortillas de maíz (dependiendo de cómo rellenas cada taco)

OPCIONES PARA LA GUARNICIÓN

Queso rallado

Crema mexicana o crema agria

Cilantro picado

Cebolla blanca picada

Aguacates, pelados, sin hueso y cortados en rebanadas

Salsa de su preferencia

Coloque el brisket, el humo líquido, las hojas de laurel y la cerveza en una olla de cocción lenta. Cocine a temperatura baja de 8 a 10 horas.

Retire el brisket y deshebre la carne. Sazone con sal y pimienta al gusto. Caliente las tortillas de maíz. Rellene las tortillas con la carne deshebrada y añada sus guarniciones favoritas.

RINDE 12 A 24 TACOS

FLAUTAS DE CARNE DESHEBRADA

La primera vez que llevé a mi esposo Steve a casa para conocer a mi familia, uno de los platillos que Mamá preparó fueron las flautas. Ella nos presentó un gran platillo de flautas y Steve siendo originario de California las llamo "taquitos". Y todos dijimos, "¡No, FLAUTAS!" Por la manera en la que lo dijimos, se hubiera pensado que había cometido un pecado, nosotros llamamos flautas a nuestros tacos dorados y enrollados. Las flautas de Mamá son las mejores no sólo porque el brisket está ahumado y delicioso, sino también porque lo corta en pedazos pequeños antes de rellenar cada tortilla con mucha carne. No olvide acompañar estas flautas con guacamole fresco, salsa de su preferencia y crema mexicana.

Carne Deshebrada (página 155)

12 a 24 tortillas de maíz, (dependiendo de cómo acostumbra rellenar cada taco)

1 taza de aceite de canola (para freír las tortillas)

Palillos de dientes

OPCIONES DE GUARNICIÓN

Guacamole (página 117)

Salsa de su preferencia

Crema mexicana o crema agria

El brisket de res se cocina por 8 a 10 horas. Una vez que la carne esté cocida y deshebrada, córtela en pedazos pequeños. Regrese la carne a los jugos en que se cocieron y permita que la carne absorba todos los jugos.

Caliente las tortillas de maíz en un comal para que estén suaves. Añada un poco de carne deshebrada en el centro de cada tortilla. Enrolle las tortillas bien y sujete con un palillo para mantenerlas enrolladas.

En una sartén profunda o una freidora, caliente el aceite de canola a fuego alto hasta que esté muy caliente. Con mucho cuidado ponga las flautas en el aceite caliente. Fría por el tiempo suficiente para que las tortillas se doren y estén crujientes. Volteé una vez usando unas pinzas y luego coloque las flautas en toallas de papel para escurrir el exceso de aceite. Sirva de inmediato con las guarniciones.

RINDE DE 12 A 24 FLAUTAS

POLLO CON MOLE

Este mole es una rica y espesa salsa picante con toques de chocolate. Preparar la mayoría de los moles puede tomar mucho tiempo, ser muy laborioso y requerir muchos ingredientes. Algunos moles están hechos con al menos diez diferentes tipos de chiles. Este mole es una fusión de las recetas de mi abuela y mi mamá. Muy a menudo mi abuelita solía usar un frasco de mole Doña María, pollo recién cocido, unas cuantas especias y eso era todo. Pero Mamá usa ingredientes frescos adicionales y sólo unas cucharadas de la pasta de mole para aumentar el sabor y suavizar la dulzura del chocolate. Este sencillo mole lleno de sabor le da el alma a un mole tradicional sin todo el trabajo arduo. Acompañe con frijoles de la olla (página 215) y arroz (página 223).

POLLO

4½ tazas de agua

2 cucharaditas de sal

1 cebolla pequeña, partida en cuartos

1 a 2 libras de pechuga de pollo

1 hoja de laurel

SALSA DE MOLE

2 cucharadas de aceite de oliva

1 cebolla pequeña, picada

2 clavos de ajo, finamente picados

½ bolillo (sustituye un bollo francés pequeño), cortado en piezas de 1 pulgada

2 chiles anchos secos, sin tallo ni semillas y picados

2 vainas de chiles California rojos, sin tallo ni semillas y picados

1 tomatillo grande o 2 tomatillos pequeños, sin cáscara, enjuagados y picados

1 tomate, picado

1 cucharadita de semillas de ajonjolí y más para la guarnición

3¾ tazas de caldo de pollo (donde se cocinó el pollo), dividido

2 cucharadas de mantequilla de cacahuate

1.5 onzas de chocolate mexicano (recomendamos Nestlé Abuelita), picado

2 cucharaditas de cocoa en polvo

3 cucharadas de pasta de mole (recomendamos Doña María)

2 cucharaditas de sal

Nota: Para ahorrar tiempo, puede usar 2 tazas de pollo rostizado preparado y caldo de pollo bajo en sodio enlatado.

PREPARAR EL POLLO:

En una olla grande, caliente el agua, con la sal, la cebolla, el pollo y la hoja de laurel. Cuando empiece a hervir, reduzca el fuego y cocine por 20 minutos. Transfiera el pollo a un plato para enfriar y luego deshebre el pollo. Retire la hoja de laurel. Reserve el caldo y la cebolla.

PREPARAR LA SALSA DE MOLE:

Caliente el aceite en un sartén grande a fuego medio. Agregue la cebolla, el ajo, el bolillo, los chiles, los tomatillos, el tomate y las semillas de ajonjolí y saltée por 10 minutos hasta suavizar la pasta.

Vierta la mitad del caldo y la cebolla cocida en una licuadora y agregue la mitad de los ingredientes salteados. Añada la mantequilla de cacahuate, el chocolate, la cocoa en polvo, la pasta de mole y la sal hasta que estén bien mezclados. Transfiera la salsa a un sartén grande.

Vierta la otra mitad del caldo y los demás ingredientes salteados a la licuadora. Licúa y añada la mezcla en el sartén grande. Ponga a hervir, luego reduzca el fuego y deje cocinar durante 10 minutos. Agregue 2 tazas del pollo deshebrado y revuelva hasta que el pollo esté cubierto de salsa.

Reduzca el fuego y cocine por 10 minutos, revolviendo para evitar que se adhiera al sartén. Sirva y espolvoreé con un manojo de semillas de ajonjolí como guarnición.

RINDE 7 A 8 PORCIONES

TINGA DE POLLO
CON CHIPOTLE

La próxima vez que vaya a tener invitados y quiera mantener el menú sencillo pruebe la tinga de pollo. Mi amiga Cesi me presentó su atesorada receta familiar. Con unos pequeños cambios esta receta entrega un maravilloso sabor auténtico, el criterio número uno en nuestra familia. Me encanta presentar una mesa llena de tostadas recién hechas o compradas en la tienda, tinga de pollo y muchas guarniciones para que mis invitados creen su propia magia.

6 tazas de agua

2 libras de pechuga de pollo, sin hueso y sin piel

4 cucharaditas de sal, dividida

1 diente de ajo entero

1 cebolla amarilla, cortada en cuatro

1 tomate de enredadera, cortadas en cuartos

1 (7-onza) lata de chiles chipotles en salsa de adobo

¼ taza de aceite de canola

1 cebolla amarilla, picada

3 tomates de viña, picados

1 diente de ajo, picado

12 tortillas de maíz o tostadas planas empaquetadas

Aceite para hacer las tostadas

GUARNICIONES (OPCIONAL)

1 cabeza de lechuga romana, finamente picada

3 aguacates, sin hueso, pelados y rebanados

2 tazas de queso fresco o Cotija, desmoronado

2 tazas de crema mexicana o crema agria

2 tazas de salsa de su preferencia

6 rábanos, rebanados

En una olla grande a fuego medio a alto, añada el agua, el pollo, 2 cucharaditas de sal, el ajo entero y la cebolla. Tape y cocine por 30 minutos. Retire el pollo, el ajo y la cebolla del caldo y deje enfriar. Cuando el pollo se enfríe, deshébrelo. Reserve el pollo y el caldo.

En una licuadora, coloque la cebolla hervida, el ajo, el tomate en cuartos, los chiles chipotles en adobo, 2 cucharaditas de sal y suficiente caldo de pollo para llenar la licuadora a la mitad. Licúe hasta que esté bien molido.

Caliente el aceite en una cazuela grande y profunda a fuego medio. Una vez que esté caliente pero no humeante, añada la cebolla picada y cocínela hasta que esté suave y traslúcida, alrededor de después de 2 minutos. Agregue los tomates picados, el ajo picado y cocine por otros 2 minutos.

Agregue el pollo deshebrado, la salsa de chipotle de la licuadora y más caldo de pollo si está muy seco. Ponga a hervir, reduzca el fuego y cocine por 20 minutos. Añada sal al gusto.

PREPARAR LAS TOSTADAS:

En una sartén pesada, caliente alrededor de un cuarto de pulgada de aceite. Ponga las tortillas con mucho cuidado en el aceite, una a la vez y fría de 20 a 40 segundos por ambos lados o hasta que estén crujientes y doradas. Escurra en toallas de papel.

ARMAR LAS TOSTADAS:

Para ensamblar las tostadas, coloque una tostada (tortilla frita) en un plato para servir; agregue un poco de tinga de pollo, lechuga (opcional), 1 o 2 rebanadas de aguacate rebanado, queso fresco desmoronado y una cucharada de crema mexicana o crema agria.

VARIACIONES: Esta receta también se puede utilizar como relleno para flautas (página 157), gorditas (página 178) y tacos.

RINDE 10 A 12 PORCIONES

TACOS DE CHICHARRÓN

 Los chicharrones son una delicia de México; en especial la región noreste de México a lo largo de la frontera de Texas. La comida callejera de México inspira todo tipo de recetas únicas de comida para llevar y comidas como el elote en vaso (página 115). Los tacos son algunos de mis favoritos. Cuando era niña recuerdo que Mamá vendía burritos en la fábrica de ropa donde trabajaba. Los burritos de chicharrón eran de los más fáciles y deliciosos que hacía. Ésta es la misma receta de chicharrón que hacía para los burritos pero servidos en tortillas de maíz suaves y calientes adornados con cebollas picadas, cilantro y un poco de jugo de limón. Para una comida completa sirva con frijoles de la olla (página 215) y arroz mexicano (página 223).

1 cucharada de aceite de oliva

⅓ taza de cebolla amarilla picada

1 cucharada de harina de todo uso

1 taza de Salsa Casera (página 60)

1 taza de agua

2 a 3 onzas de chicharrones, quebrados en pedazos pequeños

Tortillas de maíz

GUARNICIONES

Cebolla picada

Cilantro picado

Rebanadas de limón

Caliente el aceite en una sartén anti-adherente. Agregue la cebolla y cocine hasta que quede traslucida, alrededor de 2 minutos.

Agregue la harina y cocine por otros 2 minutos mientras mezcla. Agregue la salsa casera hasta que hierva.

Añada el agua y los chicharrones y deje hervir de nuevo y luego retire del fuego.

Deje que los chicharrones absorban toda la salsa antes de servir, alrededor de 30 minutos.

Caliente las tortillas de maíz en un comal. Rellene con los chicharrones y adorne con cebolla picada, cilantro, y jugo de limón fresco.

RINDE 2½ TAZAS

CHILE VERDE CON CARNE Y PAPAS

Esta receta es el ejemplo perfecto de como la legendaria salsa casera de mi mamá se podía transformar en una receta completamente diferente con la adición de unos cuantos ingredientes . Salsa casera con un poco de carne y papas se convierte en un delicioso chile verde con carne y papas. Yo preparo este platillo muy a menudo porque es sencillo de preparar y muy reconfortante. Se puede comer como platillo principal o como guarnición para burritos o chiles rellenos. Adorne este platillo con rajas y sirva con tortillas de harina caseras, frijoles de la olla (página 215) y arroz (página 223) – ¡Ay, qué rico!

1 cucharada de aceite de canola o manteca vegetal

2¼ libras de carne de res para estofado, cortada en cubos

3 papas para hornear tipo russet medianas, cortadas en cubos

1 cucharadita de sal y más para sazonar

5 dientes de ajo, finamente picado

1½ cucharadas de harina

1½ tazas Salsa Casera (página 60)

2½ tazas de agua

Caliente el aceite en una sartén grande. Coloque la carne de res, las papas y la sal en la sartén; tape y cocine por unos 10 minutos, hasta que la carne esté cocida y las papas suaves.

Añada el ajo, cocine por otros 2 minutos. Agregue la harina y mezcle por al menos 2 minutos. Incorpore la salsa, el agua y mezcle. Deje hervir, reduzca el fuego y cocine por 5 minutos. Añada más sal al gusto.

RINDE 6 PORCIONES

ASADO DE CHILE COLORADO

Mi mamá solía hacer esta receta durante el invierno, cuando los chiles verdes no estaban de temporada o no eran frescos. Como resultado comíamos más chile rojo durante el invierno y chile verde durante el tiempo de verano. Asado es otro nombre para este platillo de carne de cerdo en salsa de chile colorado.

Cuando era niña, se preparaba tradicionalmente en el exterior, en una fogata, con un cazo de cobre. Se puede usar carne de cerdo o de res, aunque la primera le da más sabor. Este asado de chile colorado va bien con tortillas de maíz caseras (página 41), frijoles de la olla (página 215) y arroz (página 223).

2 cucharadas de aceite de oliva

2½ libras de lomo de cerdo, cortado en cubos de 1 pulgada

2 cucharaditas de sal

3 dientes de ajo, picados

4 tazas de Chile Colorado (página 25)

1¼ tazas de puré de tomate

¼ cucharadita de orégano mexicano seco, triturado

⅛ cucharadita de comino molido

Agua

Caliente una sartén a fuego medio a alto. Añada el aceite a la sartén y gire para cubrir. Agregue la carne de cerdo al sartén, cocine por 5 minutos. Añada la sal y el ajo, continúe cocinando hasta que la carne de cerdo esté completamente cocida, de de 10 a 15 minutos.

Añada la salsa de chile, el puré de tomate, el orégano y el comino. Deje hervir la mezcla y añada agua hasta que tenga la consistencia deseada. Cocine por otros 10 minutos para que los sabores se mezclen.

RINDE 8 A 10 PORCIONES

SOPES DE ASADO

Los sopes son como unos tacos abiertos, pero más gruesos. Mi abuela solía prepararlos pero les decía chalupitas (barcos pequeños). Por lo general los preparaba cuando tenía asado de chile colorado sobrante y rellenaba cada uno con una cucharada de asado, frijoles de la olla y adornaba cada uno con queso Asadero, luego los colocaba en el horno para derretir el queso. Puedes servir los sopes con cualquier cosa, pero ésta es nuestra opción favorita.

SOPES

2 tazas masa harina

¼ cucharadita de sal

1 cucharada de manteca vegetal

1¼ tazas de agua tibia

RELLENOS

4 tazas de Asado de Chile Colorado (página 167)

4 tazas de Frijoles de la Olla (página 215)

1 taza de queso Asadero rallado

Rebanadas de aguacate (opcional)

En un tazón mezcle la masa harina y la sal. Añada la manteca vegetal con sus manos para distribuirlo uniformemente. Añada el agua tibia y amase hasta que la mezcla esté suave y ligeramente pegajosa. Si la masa está muy reseca añada más agua, 1 cucharada a la vez. La masa debería estar suave y húmeda. Divida la masa en 8 porciones. Cubra con una toalla mojada para mantener la masa suave y húmeda.

Forre una prensa para tortillas con envoltura plástica. Coloque una bola de masa en la prensa y cubra con otro pedazo de envoltura plástica y presione para formar una pequeña tortita del grosor de ¼ de pulgada. Retire la envoltura plástica. Si no tiene una prensa para tortillas, puede utilizar un sartén o una olla pesada para formar las tortitas o usar sus manos para formarlas. Repita con las bolas de masa restantes.

Precaliente un comal a fuego medio a alto. Cocine una tortita en el comal por 2 a 4 minutos de ambos lados. Mientras la tortita cocida aún esté tibia y en cuanto lo pueda manejar, pellizque la orilla de la tortita para formar un borde pequeño a su alrededor para crear un "barco" pequeño o sope. Repita con las tortitas restantes.

RELLENAR LOS SOPES:

Precaliente el horno a 350° F. Coloque los sopes en una sola capa en una charola para hornear. Rellene cada sope con asado de chile colorado, frijoles y espolvoreé con queso. Horneé por 10 minutos. Adorne con rebanadas de aguacate (opcional).

PARA PREPARAR CON ANTICIPACIÓN:

Cocine los sopes como se indica. Coloque los sopes enfriados en una sola capa en un recipiente hermético, cubra y selle bien. Los sopes se pueden guardar hasta por una semana en el refrigerador o por un mes en el congelador. Si los congela, deje descongelar antes de rellenar. Rellene y horneé como se indica.

RINDE 8 SOPES

ENCHILADAS DE PUERCO CON CHILE CHIPOTLE

 La necesidad es la madre de la invención y esta receta, en verdad, fue inventada al azar. Un día tuve un gran antojo de enchiladas rojas (página 177), pero desafortunadamente mi alacena no tenía vainas de chiles rojos. Fue entonces cuando vi una sola lata de chiles chipotles en salsa de adobo. Mi mente hambrienta empezó a girar pensando cómo iba a convertir esa lata de chiles en un tipo de salsa para enchiladas. Bueno lo adivinó: esa pequeña lata y unos cuantos ingredientes más hicieron una salsa de chipotle picante y ahumado en una pila de enchiladas riquísimas. Mi esposo sugirió que agregáramos carne de cerdo deshebrada, que fue una combinación perfecta. Esta salsa es picante. Si no es de su agrado la comida muy picosa, entonces use sólo la mitad de la lata de chiles chipotles, o añada otra lata de puré de tomate.

CARNE DE CERDO

1 (2 libras) lomo de cerdo

1 hoja de laurel

1 lata (12-onza) de cerveza

SALSA

2 tomates roma

4 tomatillos, sin cascara, enjuagados

1 (14.5-onza) lata de tomates picados

1 (7-onza) lata de chiles chipotles en salsa de adobo

1 (8-onza) lata de puré de tomate (dependiendo de su tolerancia a lo picoso, podrá necesitar otra lata)

½ cebolla grande, picada

2 dientes de ajo

1 cucharada de harina de todo uso

½ taza de agua

1 cucharada aceite de oliva

Sal, al gusto

ENCHILADAS

½ taza de aceite de canola, para freír

12 a 18 tortillas de maíz, preferentemente blancas

1 cebolla blanca mediana, picada

1½ tazas de queso fresco desmoronado

½ taza de crema mexicano o crema agria, para la guarnición

(CONTINUACIÓN)

ENCHILADAS DE PUERCO CON CHILE CHIPOTLE
(CONTINUACIÓN)

PREPARAR LA CARNE DE CERDO:

Coloque el lomo de cerdo y la hoja de laurel en una olla de cocción lenta; vierta la cerveza encima de la carne. Tape y cocine a temperatura baja hasta que esté completamente cocido y la carne se deshebre fácilmente, de 6 a 8 horas. Deseche la hoja de laurel. Retire la carne de cerdo de la olla y deshebre la carne.

ASAR LOS TOMATES Y LOS TOMATILLOS:

Acomode los tomates y los tomatillos en una charola para hornear. Coloque la rejilla del horno lo más cerca del asador que pueda. Ase los tomates y los tomatillos por 10 minutos hasta que se ablanden, volteando después de 5 minutos. Si la piel se chamuscó, retírela.

HACER LA SALSA:

Licúe los tomates, los tomatillos asados, los tomates enlatados, los chiles chipotles en adobo, el puré de tomate, la cebolla picada, el ajo, la harina y el agua hasta que todo esté bien molido.

Caliente el aceite de oliva en un sartén grande. Vierta la salsa licuada cuidadosamente y deje hervir. Reduzca el fuego y deja cocinar por unos 10 minutos.

Pruebe y sazone con sal, por lo general unas 2 cucharaditas. Si la salsa está demasiado picosa, añada otra lata de puré de tomate y revuelva. Si la salsa está demasiado espesa, añada agua hasta que obtenga la consistencia deseada y añada más sal si es necesario.

ENSAMBLAR LAS ENCHILADAS:

En una sartén, caliente el aceite de canola hasta que esté caliente. Fríe las tortillas hasta que se ablanden. Escurra en toallas de papel. Coloque las tortillas fritas, una a la vez, en la sartén con la salsa caliente, volteando para cubrir completamente.

Coloque una tortilla cubierta en un plato. Espolvoreé con un poco de carne de cerdo deshebrado, cebolla picada y queso desmoronado. Coloque otra tortilla cubierta con salsa encima y repita las capas hasta que la pila tenga 3 tortillas. Sirva cada pila con una cucharada de crema mexicana o crema agria.

RINDE 4 A 6 PORCIONES

VARIACIÓN: ENCHILADAS HORNEADAS

Nuestra familia prefiere nuestras enchiladas montadas, pero si está cocinando para un grupo grande, las enchiladas horneadas serían la mejor opción.

Precaliente el horno a 350° F. Extienda 1 taza de salsa en el fondo de un refractario de 9 x 13 pulgadas sin engrasar.

Fría las tortillas en aceite caliente, sólo hasta que se ablanden. Escurra en toallas de papel. Rellene con carne de cerdo cocido, queso y cebolla. Enrolle las tortillas y coloque en el refractario en una sola capa.

Vierta 2 tazas de la salsa encima de las enchiladas. Espolvoreé con más queso desmoronado. Horneé por 15 a 20 minutos. Adorne con crema mexicana o crema agria y sirva con su acompañamiento favorito.

Ahorre Tiempo: Cocine la carne de cerdo en una olla de cocción lenta durante todo el día y deshebre la carne en la tarde.

ENCHILADAS VERDES

Si tuviera que escoger UNA receta para recordar a Mamá sería ésta. Es el platillo estelar de Mamá: deliciosas, picantes, enchiladas verdes montadas. Las apilamos planas y altas, a veces hasta 3 o 4 tortillas de alto. Después de mudarme de casa, se me antojaban sus enchiladas verdes constantemente e intenté por años replicarlas. Dos ingredientes hacen que su receta sea única, chiles verdes largos asados lentamente y suero de sal. El único lugar que conozco dónde conseguir suero de sal es en el Licon Dairy en El Paso, Texas. El suero de leche es una buena segunda opción si no puedo conseguir suero de sal. La combinación del suero de sal con los chiles verdes le da a esta receta su sabor único. No dudes en probar estas enchiladas montadas o enrolladas (como se muestra en la foto).

SALSA

12 chiles Anaheim, asados y pelados (página 20)

2 cucharadas de harina

1 cuarto de suero de sal o suero de leche, dividido

Sal, al gusto

½ taza de crema mexicana o crema agria

½ taza de aceite de canola para freir

12 a 18 tortillas de maíz, de preferencia de maíz blanco

1 libra de pollo rostizado comprado y deshebrado (opcional)

1½ tazas de queso blanco rallado (Monterrey Jack, Asadero, o Muenster)

1 cebolla blanca mediana, finamente picada

2 cebollitas verdes, picadas (opcional)

2 aguacates, sin hueso, pelados y cortados en rebanadas (opcional)

En una licuadora combine los chiles asados y pelados, la harina y la mitad del suero de sal o de leche y licúe hasta que esté cremoso.

Vierta la mezcla a una cacerola grande y ponga sobre fuego medio a bajo para calentar. Añada el suero de sal o de leche restante y mezcle. Rectifique la sazón y añada sal, por lo general alrededor de 2 cucharaditas.

Si la salsa es demasiado picante, agregue ¼ de taza de crema mexicana o crema agria y revuelva. Si la salsa está demasiada espesa, añada agua hasta que tenga la consistencia deseada.

ENSAMBLAR LAS ENCHILADAS MONTADAS:

En una sartén caliente con aceite de canola ponga 1 tortilla a la vez y fría hasta que se ablande, volteando una vez. Escurra en toallas de papel. Cubra las tortillas sumergiéndolas en la salsa de chile una a la vez.

Coloque las tortillas cubiertas con chile en un plato para servir. Espolvoreé con un poco de pollo deshebrado (opcional), queso rallado, y cebolla picada. Repita las capas por un total de 3 tortillas por persona. Sirva con una cucharada de crema mexicana o crema agria, un poco de cebollitas verdes picadas y rebanadas de aguacate.

VARIACIÓN: ENCHILADAS HORNEADAS

Precaliente el horno a 350° F. Extienda 1 taza de salsa en el fondo de un refractario de 9 x 13 pulgadas sin engrasar.

Rellene cada tortilla con un poco de pollo deshebrado, queso rallado y cebolla picada. Enrolle las tortillas con el relleno y acomode con el doblez hacia abajo en una sola capa en el refractario. Vierta 2 tazas de la salsa encima de las enchiladas. Espolvoreé con más queso y horneé, unos 15 minutos.

Sirva con una cucharada de crema mexicana o crema agria, cebollitas verdes picadas y rebanadas de aguacate.

RINDE 4 A 6 PORCIONES

ENCHILADAS ROJAS MONTADAS

 Por lo general, nuestra familia prepara las enchiladas rojas montadas con un huevo frito encima. Cuando era niña veía como mi tío Carlos comía sus enchiladas con un huevo estrellado encima. Por fin tuve el valor de preguntarle si las podía probar. Fue amor a primera mordida. La yema deliciosa que recorre por encima de las enchiladas le da a este platillo un sabor único. Con o sin huevo, se encontrará haciendo esta receta una y otra vez. Acompañe con frijoles de la olla (página 215) y arroz (página 223) o macarrones con queso (página 225).

1 cucharada de aceite de oliva
4 tazas de Chile Colorado (página 25)
Sal, al gusto
1 (8-onza) lata de puré de tomate (opcional)
½ taza de aceite de canola para freír las tortillas
24 a 32 tortillas de maíz, de preferencia de maíz blanco
1½ tazas de queso Colby rallado
1 cebolla blanca mediana, finamente picada
8 huevos (opcional)

Caliente el aceite de oliva en una sartén grande. Vierta la salsa al sartén y mezcle. Pruebe y sazone con sal, si es necesario. Si la salsa es demasiado picante, agregue una lata pequeña de puré de tomate y mezcle. Si la salsa está muy espesa, añada agua hasta que obtenga la consistencia deseada, agregue más sal si es necesario.

En una sartén antiadherente caliente el aceite de canola. Ponga una tortilla a la vez y fría hasta que se ablande, volteando una vez. Escurra en toallas de papel.

ENSAMBLAR LAS ENCHILADAS:
Coloque las tortillas ligeramente fritas en el sartén con la salsa caliente, una a la vez. Cubra las tortillas con la salsa colorada y coloque las tortillas cubiertas en un plato.

Espolvoreé las tortillas cubiertas con salsa con un poco de queso rallado y cebolla picada. Coloque otra tortilla cubierta en salsa encima y repita las capas hasta que tenga una pila de 3 a 4 tortillas.

Caliente una sartén antiadherente pequeña a fuego medio a bajo. Fría los huevos estrellados y coloque uno en cada pila de enchiladas. Es opcional, pero vale la pena probar.

RINDE 8 PORCIONES

GORDITAS

Mamá solía hacer estas deliciosas gorditas para nosotros en casa y también ayudaba a prepararlas para el bazar de nuestra Iglesia Católica local junto con las Guadalupanas (comunidad cristiana de mujeres devotas de la Vírgen María). Ella ayudaba en el bazar anual por al menos ocho horas a la vez y lo hizo hasta la edad de 90 años. Las filas largas en el puesto de gorditas eran un testamento de su popularidad. Todos sabían que valían la pena la espera.

1 papa tipo Yukon Gold pequeña, pelada y cortada en cubos

1 cucharadita de sal, dividida

2 tazas de masa harina (harina de maíz)

1½ tazas de agua tibia

2 tazas de aceite de canola (para freír)

Relleno de su preferencia (vea nota en la siguiente página)

GUARNICIONES
Lechuga rallada

Tomate picado

Queso rallado

Salsa de su preferencia

Crema mexicana o crema agria

Cocine los cubos de papa en agua hirviendo con ¾ de cucharadita de sal hasta que estén suficientemente suaves para moler, alrededor de 15 minutos. Escurra, muela y deje a un lado.

En un tazón mezcle la harina de maíz, agua, ¼ de cucharadita de sal y 1 taza de papa molida. Amase por 5 minutos. Cubra con una servilleta de cocina húmeda y deje reposar por 15 minutos.

Divida la masa en 12 partes iguales. Con sus manos forme 12 tortitas de un grosor de 1/8 de pulgada.

En una sartén profunda, caliente el aceite. Suavemente deje caer 2 o 3 gorditas en el aceite. Se hundirán al fondo del sartén. Una vez que suban a la superficie, unos 3 a 5 minutos, voltéelas. Deje cocinar por otros 2 o 3 minutos. Deberán tener un color dorado. Coloque las gorditas fritas en toallas de papel para escurrir el exceso de aceite. Termine cocinando todas las gorditas y deje enfriar un poco.

Abra un lado de cada gordita creando una bolsa. Rellene con el relleno de su preferencia. Adorne las gorditas rellenas con las guarniciones de su preferencia.

RINDE 12 GORDITAS

LENGUA ENTOMATADA

La lengua de res es una delicia que mi mamá solía preparar con salsa verde. Debe cocinarse durante horas para que se ablande. Una vez que se encuentre cocida lo único que deberá hacer es saltearla con cebolla, ajo y tomates. La solía preparar de vez en cuando los domingos, cuando la familia visitaba. A mi hija Verónica se le ocurrió la idea de rellenar las gorditas con lengua. La lengua entomatada dentro de las gorditas es una combinación única y deliciosa.

(CONTINUACIÓN)

Nota: Las gorditas se pueden rellenar con casi cualquier cosa que tenga a la mano. Se podría decir que son el pita mexicano. El relleno más común en las fiestas o bazares es el picadillo (página 181), o puede rellenarlas con papas con chorizo (página 185), tinga de pollo (página 160), o lengua entomatada (esta página).

LENGUA ENTOMATADA
(CONTINUACIÓN)

2½ a 3 libras de lengua de res

3 tazas de agua

1 cebolla pequeña, cortada en cuartos

5 dientes de ajo

2 cucharaditas de sal de mar

Gorditas (página 178)

SALSA:

1 (14.5-onza) lata de tomates pelados o cortados en cubos

1 cucharada de aceite de oliva

⅓ taza de cebolla blanca picada

1 cucharada de harina de todo uso

¼ cucharadita de pimienta negra molida

½ cucharadita de ajo en polvo

PREPARAR LA LENGUA:

Coloque la lengua de res, el agua, la cebolla, el ajo, y la sal en una olla de cocción lenta. Cocine a temperatura baja por 6 a 8 horas.

Una vez que esté blandita, retire la lengua del caldo para enfriar. Retire la capa exterior de piel cuando pueda manejar la lengua. Es más fácil retirar la piel mientras la lengua está tibia. Pique la lengua en cubos de ½ pulgada y deje a un lado.

Cuele el caldo y reserve. Siempre es mejor refrigerar el caldo para poder retirar la grasa y desecharla. Si tiene un separador de grasa, entonces no tendrá que refrigerarlo.

PREPARAR LA SALSA:

Licúe los tomates en un procesador de alimentos o licuadora y deje a un lado.

En un sartén grande, caliente el aceite a fuego medio. Añada la cebolla y salteé hasta que esté traslucida, unos 2 minutos. Añada la harina y mezcle por 2 minutos. Agregue los tomates licuados y deje hervir mientras revuelve.

Agregue la lengua picada, ½ taza de caldo reservado, pimienta y ajo en polvo. Reduzca el fuego y cocine por 5 minutos para espesar. Si está muy reseca, añada más caldo, sin embargo, esta receta no deberá quedar aguada si piensa utilizarla para rellenar gorditas.

Si la utilizará para gorditas, rellene cada gordita con 1 a 2 cucharadas de la lengua preparada y adorne con cilantro.

VARIACIÓN: Esta receta también se puede utilizar para hacer un estofado de lengua de res con chile al agregar más caldo y ½ taza de salsa casera (página 60).

RINDE 3 TAZAS

PICADILLO

 El picadillo fue una de las primeras recetas con carne que aprendí a preparar. No teníamos mucho dinero mientras crecíamos y la carne molida solía ser la carne preferida en nuestra casa porque era bastante económica. Recuerdo que Mamá dijo, "Mira, sólo picas unas cebollas, las cocinas, agregas carne y papas y tienes un platillo rápido de carne para cualquier cosa." Bueno, era un poco más que eso, pero no mucho. Nos hicimos muy hábiles en agregar todo tipo de ingredientes a esta receta básica de picadillo, al igual que lo harán ustedes. Este platillo rápido y delicioso es perfecto para rellenar burritos o gorditas (pagina 178).

1 cucharada de aceite de oliva

½ taza de cebolla blanca picada

1 libra de carne molida

2 dientes de ajo, finamente picados

1 cucharadita de sal

1 taza de tomates roma picados

1 papa para hornear tipo Russet pequeña, pelada y finamente picada

En una sartén grande caliente el aceite a fuego medio. Agregue la cebolla y cocine por unos 2 minutos, hasta que esté traslucida.

Añada la carne molida y cocine. Usando un muelapapas, aplaste la carne para obtener pedazos pequeños de carne y no trozos grandes. Escurra el exceso de grasa.

Agregue ajo, sal, tomates, y las papas para cocinar a fuego bajo por unos 15 minutos, hasta que las papas estén cocidas. Sazone con sal al gusto.

RINDE 3½ TAZAS

PIMIENTOS RELLENOS CON PICADILLO

 La primera vez que comí pimientos rellenos fue en la casa de mi tía Victorina en Riverside Drive en El Paso. Tenía alrededor de siete años cuando entré a su casa mientras sus pimientos rellenos se horneaban. La dulce fragancia de los pimientos horneados abrumó mis sentidos. Cuando indagué sobre el olor, mi tía me contestó con su sonrisa de costumbre, "Son pimientos rellenos, ¿Qué nunca has probado uno?" A lo que respondí rápidamente, "No." "Siéntate y te daré uno." La combinación era una melodía perfecta de lo salado y lo dulce. A su esposo (mi tío Wolfgang) le encantaban tanto que literalmente lamía el plato para limpiarlo. Él y yo nos reímos de sus travesuras hasta que mi tía lo hizo detenerse. Hasta la fecha, cada vez que los preparo, pienso en ella y ese día tan especial. Ésta es mi versión de ese pequeño pimiento relleno que comí hace muchos años. Gracias, tía Victorina.

3 pimientos morrón (del color de tu preferencia)

1 porción de Picadillo (página 181)

1 cucharada de aceite de oliva

½ taza de queso fresco desmoronado

Cilantro, para la guarnición (opcional)

Precaliente el horno a 350° F.

Enjuague los pimientos. Corte la parte superior y retire la piel blanca y las semillas. Enjuague el interior de cada pimiento. En una cacerola grande hierva los pimientos, por unos 3 minutos. Retire los pimientos y escurra el exceso de agua que tienen adentro. Unte cada pimiento con aceite de oliva.

Caliente un comal y coloque los pimientos acostados en el comal, como 1 minuto por lado, sólo hasta asar los lados de cada pimiento.

Prepare un refractario (alrededor de 10.5 pulgadas por 7 pulgadas) donde cabrán los 3 pimientos. Rocíe el refractario con aceite en aerosol para evitar que se adhieran los pimientos. Vierta ¼ de pulgada de agua al refractario.

Rellene cada pimiento con un poco de picadillo y coloque en el refractario. Cubra con papel aluminio presionando las orillas para sellar. Horneé de 25 a 30 minutos.

Retire del horno y deje reposar por unos 5 minutos. Sirva 1 pimiento por plato, espolvoreé con queso fresco desmoronado y adorne con una hoja de cilantro. Para una comida completa, acompañe con Arroz Blanco con Cilantro y Limón (página 221) o Ensalada de Frijoles Negros (página 213).

RINDE 3 PIMIENTOS RELLENOS

PAPAS CON CHORIZO

Papas con Chorizo es la comida rápida de mi preferencia para el desayuno, almuerzo, o para la cena. Si lo preparo para el desayuno le agrego huevos revueltos y lo enrollo en una tortilla de harina caliente. Si es más bien un aperitivo, lo sirvo con tostadas o en sopes miniaturas. Para cenar, lo preparo para unas gorditas, las relleno y las sirvo con frijoles de la olla (página 215) al lado. En fin es un platillo rápido, sencillo, lleno de sabor y ligeramente picante.

2 cucharadas de sal kosher, dividida

5 papas tipo Russet o Yukon Gold, lavadas, peladas y cortadas en cubos de ¼ de pulgada

10 onzas de chorizo mexicano, sin envoltura

1 taza de queso Quesadilla rallado

Precaliente el horno a 350° F. Ponga a hervir 8 tazas de agua en una cacerola profunda con 1½ cucharadas de sal. Cuidadosamente agregue las papas al agua hirviendo. Hierva a fuego medio a alto por unos 15 minutos. Revise después de 10 minutos. Si están suaves, pero no firmes, entonces retírelas del fuego. No querrá cocer las papas demasiado. Utilizando una coladera, escurra las papas pero no las enjuague.

Mientras las papas se cocinan, desmorone el chorizo en una sartén de hierro fundido o un refractario. Cubra con papel aluminio y coloque en el horno precalentado de unos 15 a 20 minutos. Revise después de 10 minutos. El chorizo soltará algo de grasa pero no la deseche. (También puede cocinar el chorizo en una sartén antiadherente en la estufa pero yo prefiero este método porque ensucia menos.)

Agregue las papas cocidas al chorizo cocido junto con la ½ cucharada de sal restante al gusto y mezcle suavemente. No mezcle demasiado o las papas se harán puré. Adorne con el queso rallado. Coloque de nuevo en el horno, sin tapar, sólo el tiempo suficiente para que se derrita el queso.

Sirva con tostadas, sopes miniaturas (página 168), tortillas de maíz o de harina calientes (página 41 y 43), o como en la foto para rellenar gorditas (página 178).

RINDE 10 PORCIONES

FRIJOLES ENCHILADOS

Empecé a elaborar esta receta cuando tenía dos trabajos. Era una gran comida rápida para mis hijos después de la escuela. Cuando tenía frijoles de la olla y salsa de chile colorado, simplemente agregaba chorizo y carne molida para crear este platillo sencillo. Sirva en tazones grandes con galletas saladas o bísquets de suero (página 47) y tendrá una gran comida durante el clima frio.

1 libra carne molida (de res)

12 onzas de chorizo mexicano, sin envoltura

2½ tazas de Frijoles de la Olla con caldo (página 215)

1½ tazas Chile Colorado (page 25)

1 taza de agua

½ cucharadita de orégano mexicano seco

Sal, al gusto

Cebollitas verdes picadas (opcional)

Queso Colby rallado (opcional)

Rocíe un sartén grande con aerosol de cocina antiadherente y caliente a fuego medio a alto. Agregue la carne molida y cocine por unos 10 minutos. Escurra el exceso de grasa.

Agregue el chorizo a la carne molida cocida. Cocine el chorizo completamente por otros 5 a 10 minutos. Utilizando un muelapapas, mezcle la carne molida con el chorizo.

Añada los frijoles y el caldo y cocine por 5 minutos. Añada la salsa de chile colorado, el agua y el orégano. Cocine hasta que empiece a hervir. Reduzca a fuego lento y cocine por unos 10 minutos. Agregue más caldo de los frijoles si la mezcla está demasiada espesa.

Añada sal al gusto. Sirva en tazones y espolvoreé con un manojo de queso.

RINDE 8 A 10 PORCIONES

CHILES RELLENOS CON SALSA RANCHERA

 Los chiles rellenos son hechos de chiles Anaheim o poblanos, rellenos con queso o carne. Son empanizados con harina y capeados en clara de huevo y fritos rápidamente a la perfección. Estos son unos chiles audaces. Toman algo de tiempo prepararlos, pero bien vale el esfuerzo.

Mamá solía hacer burritos de chiles rellenos y los vendía en la fábrica de ropa donde trabajaba. Recuerdo claramente que se despertaba a las cuatro de la mañana para prepararlos. Sus burritos de chile rellenos eran muy populares. Siempre se vendían rápidamente cuando los hacía. Como madre soltera criando tres hijos, era extremadamente hábil en hacer rendir nuestros recursos. Si nunca has probado uno, ahora es cuándo. El ahumado de los chiles asados con el queso derretido se venderá directamente al paladar de su corazón.

SALSA RANCHERA

2 chiles güeros

1 cucharada de aceite de oliva

1 taza de cebolla blanca picada

½ tallo de apio, picado

3 tomates pequeños, picados

1 diente de ajo, finamente picado

1 cucharada de harina de todo uso

1½ tazas de agua

Sal, al gusto

Pimienta negra molida, al gusto

1 cucharadita de caldo de pollo granulado

CHILES RELLENOS

12 chiles Anaheim o poblanos, asados y pelados (página 20)

4 tazas de queso rallado tipo Monterrey, Muenster, Quesadilla o Asadero

1 taza de harina blanca de todo uso

2½ cucharaditas de sal, dividida

1 cucharadita de pimienta negra molida, dividida

8 huevos, separados

¼ de cucharadita de crémor tártaro

2 tazas de aceite de canola para freír

1 aguacate sin hueso, pelado y cortado en rebanadas (opcional)

(CONTINUACIÓN)

CHILES RELLENOS CON SALSA RANCHERA
(CONTINUACIÓN)

PREPARAR LA SALSA RANCHERA:
Hierva los chiles güeros hasta que estén blanditos. Retire los tallos y pique los chiles. Caliente aceite de oliva en una cacerola y salteé la cebolla el apio, y los chiles por 3 minutos.

Agregue los tomates y el ajo, y salteé por otros 3 minutos. Agregue la harina y mezcle por 2 minutos.

Añada el agua, la sal, la pimienta, y el caldo de pollo granulado cocinando der 5 a 10 minutos.

PREPARAR LOS CHILES RELLENOS:
Después de asar y pelar los chiles, cuidadosamente retire los tallos, membranas y semillas cuidando de no romper los chiles. Rellene cada chile por la abertura del tallo con queso y deje a un lado.

En un plato mezcle la harina, ½ cucharadita de sal y ½ cucharadita de pimienta. Coloque los chiles rellenos en la harina para cubrir ambos lados. Sacuda el exceso de harina. Reserve.

Nota: Sumerja cada chile, uno a la vez, al huevo batido justo antes de freír. Necesitaras trabajar rápidamente durante este proceso para evitar que se desinfle el huevo. Es mejor utilizar una sartén grande para freír de 2 a 3 chiles a la vez.

Usando una batidora eléctrica bata las claras de huevo junto con el crémor tártaro a velocidad alta hasta que se formen picos suaves. En un tazón por separado, mezcle las yemas de huevo, 2 cucharaditas de sal y ½ cucharadita de pimienta. Cuidadosamente incorpore la mezcla de las yemas a las claras de huevo cuidando de no mezclar muy fuerte para que las claras no pierdan su consistencia.

Llene un tercio de una sartén grande con aceite de canola y caliente a fuego alto. Deberá calentar el aceite muy bien antes de freír los chiles. Asegúrese de que el aceite tiene la temperatura correcta al dejar caer un poco de la mezcla de huevos en el aceite. Si la mezcla burbujea y flota a la superficie, tiene la temperatura adecuada. Si se va al fondo, el aceite no está lo suficientemente caliente.

Sumerja los chiles rellenos cubiertos de harina a la mezcla de huevo hasta que estén completamente forrados, formando un capullo. Cubra cada chile, uno a la vez, justo antes de freír. Cuidadosamente coloque los chiles en el aceite caliente, 2 a la vez. Fría hasta que estén dorados, volteando una vez. Escurra en toallas de papel. Cambie las toallas de papel 2 o 3 veces para absorber el exceso de aceite.

Acomode los chiles en un platón y bañe cada uno con salsa ranchera y sirva.

RINDE 12 CHILES RELLENOS

CHILES RELLENOS DE CAMARÓN Y QUESO

Si le gustan los chiles rellenos tanto como a mí, entonces le encantará esta receta. En realidad es una versión más saludable de los chiles rellenos tradicionales que aún mantiene un sabor mexicano audaz. Si quiere la receta frita y cubierta con huevo tradicional, está en la página 189, pero le animo a que también pruebe esta receta. Los chiles poblanos están disponibles en los supermercados durante todo el año, lo cual hace que este platillo sea perfecto para cualquier época del año. También es un platillo sabroso para la Cuaresma.

8 chiles poblanos, asados y pelados (página 20)

2 cucharadas de aceite de oliva

1 libra de camarones medianos, pelados, desvenados y picados

½ cucharadita de sal, dividida

5 dientes de ajo, finamente picados

1½ cucharadas de harina de todo uso

¼ cucharadita de pimienta negra molida

½ taza de crema mexicana y crema agria

¾ taza de leche baja en grasa, dividida

¾ taza (3 onzas) queso Quesadilla rallado

1 chile morrón rojo, asado, pelado, sin semillas y picado

2 cucharadas de cilantro picado

2 cucharadas de jugo de limón fresco

½ taza de queso fresco, desmoronado

Semillas de granada (opcional)

Utilizando un pequeño cuchillo afilado, cuidadosamente abra los chiles por un lado. Retire las semillas, dejando los tallos intactos. Deje a un lado para rellenar después.

PREPARAR EL RELLENO:

Caliente una sartén grande a fuego medio. Recubra la sartén con aceite. Espolvoreé los camarones con ¼ cucharadita de sal. Agregue los camarones a la sartén; cocine por 3 minutos o hasta que estén completamente cocidos. Retire de la sartén y resérvelos.

(CONTINUACIÓN)

CHILES RELLENOS DE CAMARÓN Y QUESO
(CONTINUACIÓN)

Añada el ajo a la sartén; salteé por 30 segundos, revolviendo constantemente. Agregue la harina y la pimienta; cocine 1 minuto, revolviendo constantemente. Lentamente añada la crema mexicana, revolviendo con un batidor globo. Añada ½ taza de leche; cocine por 1 minuto, revolviendo constantemente; deje reposar 2 minutos.

Añada el queso Quesadilla y ¼ cucharadita de sal y revuelva hasta que esté suave y el queso se derrita. Coloque ⅓ taza de la mezcla de queso en un tazón grande; reserve la mezcla de queso restante.

Añada los camarones cocidos, el chile morrón asado, el cilantro y el jugo de limón a ⅓ taza de la mezcla de queso; revuelva para cubrir.

SERVIR:
Revuelva ¼ taza de leche restante con la mezcla de queso reservado. Sirva 3 cucharadas de esta salsa de queso en cada uno de cuatro platos.

Rellene cada chile poblano con 6 cucharadas de la mezcla de camarones. Coloque 2 chiles poblanos rellenos en cada plato con la mezcla de queso y adorne con queso fresco desmoronado, un poco de cilantro y semillas de granada (opcional).

RINDE 8 CHILES POBLANOS RELLENOS

TILAPIA CON SALSA DE MANGO Y AGUACATE

 Mientras crecíamos, no solíamos comer mariscos, pero a medida que fui creciendo empecé a comerlos más seguido, pronto me encantaron y quería recuperar el tiempo perdido. Esta receta es rápida y fácil de preparar. El sabor es delicado y a la vez suficientemente complejo para tentar al paladar. La salsa dulce de mango y aguacate complementa bien la tilapia preparada con sencillez, lo que la hace es una comida sana y memorable. Acompañe con arroz con cilantro y limón (página 221) y este hermoso platillo de seguro le impresionará.

1 libra de filetes de tilapia

½ taza de harina de todo uso

1 cucharadita de ajo en polvo

1 cucharadita pimienta negra molida

¼ cucharadita de sal

3 cucharadas de mantequilla con sal

Salsa de mango y aguacate (página 55)

Enjuague los filetes de tilapia y séquelos con toallas de papel.

Mezcle la harina, el ajo en polvo, la pimienta y la sal en un plato poco profundo. Cubra los filetes con la mezcla de harina y fríalos en una sartén de 3 a 4 minutos por ambos lados o hasta que estén dorados.

Coloque los filetes en un platón y adorne con la salsa de mango y aguacate antes de servir.

RINDE 4 PORCIONES

TORTA DE HONGOS CON RAJAS Y QUESO

Las tortas son unos sándwiches rápidos y fáciles de hacer hechos con bolillos. Los puede hacer fríos o puede tostar el pan antes de rellenarlos. Esta torta tostada de hongos exuda cremosidad y la adición de chiles verdes largos y el tequila le dan un toque ahumado perfecto.

2 cucharadas de mantequilla con sal, dividida

½ cucharada de aceite de oliva

1 taza de hongos rebanados

Sal, al gusto

Pimienta negra, al gusto

5 cucharadas de crema agria

3 chiles Anaheim, asados (vea página 20), pelado, sin tallo y cortados en tiras de ½ pulgada

3 cucharaditas de tequila (opcional)

½ taza de queso Quesadilla rallado, dividido

2 bolillos (bollos mexicanos ovalados) o bollos de pan francés

Derrita 1 cucharada de mantequilla con el aceite de oliva en una sartén mediana a fuego medio. Agregue los hongos y salteé por 10 minutos o hasta que estén suaves. Sazone con sal y pimienta al gusto. Agregue la crema agria y las tiras de chile y cocine hasta que estén calientes. Retire el sartén del fuego.

Con mucho cuidado añada el tequila. Regrese el sartén al fuego y cocine sin tapar por 1 minuto o hasta que todo el tequila se haya evaporado. Agregue ¼ de taza de queso hasta que se derrita. Deje la mezcla a un lado.

Precaliente un comal o una plancha para panini. Parta los bolillos a la mitad y unte cada bollo por dentro y por fuera con la mantequilla restante. Tueste la parte de adentro de cada bollo. Rellene la parte inferior del bollo con la mezcla caliente de hongos y chiles y adorne con queso rallado. Cubra con la otra mitad del bollo.

Ponga a tostar las tortas a fuego medio, volteando una vez, hasta que el pan esté ligeramente dorado y el queso se haya derretido, de unos 5 a 6 minutos. Si utiliza una plancha para panini, cierre la tapa y presione ligeramente. La mayoría de las tortas se cocinan perfectamente dentro de 2 a 3 minutos.

RINDE 2 TORTAS

TORTA DE JAMÓN Y AGUACATE

Las tortas son muy fáciles de hacer y son perfectas para el verano. Yo solía prepararlas y venderlas en nuestra tienda familiar de abarrotes (Soza's Grocery). Todos los días preparaba por lo menos una docena, las cuales se vendían antes del mediodía. Las hacía con queso Asadero fresco que compraba en la lechería local. El queso recién hecho es de lo mejor y creo que es lo que hace que estás tortas sean tan buenas. Pero puede elaborarlas usando rebanadas de su queso favorito y sabrán igual de deliciosas.

4 bolillos (bollos mexicanos ovalados) u otros bollos para sándwich

4 cucharadas de mayonesa

4 a 8 rebanadas delgadas de jamón deli

4 rebanadas de queso Asadero

1 aguacate grande, sin hueso, pelado y cortado en rebanadas

1 tomate cortado en rebanadas

Lechuga romana

4 chiles jalapeños (opcional)

Rebane los bolillos a la mitad y a lo largo, sin atravesar todo el pan. Abra los bollos y unte 1 cucharada de mayonesa dentro de cada uno.

En cada bollo, coloque 1 a 2 rebanadas de jamón, 1 rebanada de queso, unas rebanadas de aguacate, tomate y lechuga. Sirva con jalapeños frescos.

RINDE 4 TORTAS

TOSTADAS CON FRIJOL Y TOSTADAS CON AGUACATE

Si tiene tortillas de maíz, entonces puede hacer tostadas. Todo lo que tiene que hacer es freír las tortillas hasta que estén crujientes. Incluso puede comprar tostadas ya preparadas, convirtiendo esto en una cena rápida y sabrosa. A mis hijos les encanta adornar sus propias tostadas las noches de los viernes de familia cuando nos quedamos en casa a ver películas o a jugar un juego de mesa. Nuestras guarniciones favoritas son los frijoles refritos y el guacamole. Si es como yo, tiene una variedad de sobrantes de comida de la semana. Sólo caliente el pollo, la carne de res, o la carne de cerdo que le sobró, córtela en pedazos pequeños y adorne las tostadas con las guarniciones de su preferencia.

FRIJOLES REFRITOS

2 cucharadas de aceite de oliva o manteca vegetal

1½ tazas de Frijoles de la Olla más ½ taza de caldo (página 215)

Sal

TOSTADAS

8 tortillas de maíz u 8 tostadas planas y preparadas

Aceite vegetal para freír

GUARNICIONES

Guacamole (página 117)

Lechuga rallada (opcional)

Tomate picado

Queso fresco o de su preferencia

Salsa de su preferencia

PREPARAR LOS FRIJOLES REFRITOS:

Caliente el aceite de oliva en una sartén mediana a fuego medio a alto. Agregue los frijoles y el caldo. Cocine a fuego medio. Mientras los frijoles estén hirviendo, aplástelos con un muelepapas. Continúe cocinando hasta que formen una pasta espesa, alrededor de 10 minutos. Sazone con sal al gusto.

FREIR TORTILLAS:

En una sartén pesada a fuego alto, ponga a calentar un cuarto de pulgada de aceite. Reduzca el fuego a medio y fría las tortillas, una a la vez, de 20 a 40 segundos por ambos lados hasta que estén crujientes y doradas. Escurra en toallas de papel. También puede utilizar tostadas ya preparadas.

RINDE 8 TOSTADAS

ENSAMBLAR LAS TOSTADAS:

Cubra 4 tostadas con guacamole y 4 tostadas
con frijoles refritos. Adorne cada una con
lechuga, tomate y queso. Si desea una tostada
más completa agregue pedazos pequeños
de pollo, carne de res o de cerdo cocidos.
Acompañe con su salsa casera favorita.

CHILAQUILES ROJOS

Cuando comíamos enchiladas rojas (página 177) y llegaba a sobrar salsa, lo que no pasaba muy a menudo, siempre podía contar con comer chilaquiles para el desayuno del día siguiente. Los chilaquiles son pedazos de tortillas de maíz fritos cubiertos con salsa de chile y espolvoreados con queso, servidos con huevos preparados al gusto. La tortilla frita suele ser un poco crujiente, lo que es un cambio agradable respecto a su prima, la enchilada roja. Es mi desayuno rápido preferido cuando se me antojan las enchiladas rojas para el desayuno. Preparo una doble porción de salsa de chile colorado para asegurarme de que sí habrá de sobra.

8 tortillas de maíz

1 cucharada de aceite de canola

2 tazas de Chile Colorado (página 25)

1 taza de queso Quesadilla o Colby rallado

⅓ taza de cebolla verde o morada picada

4 a 8 huevos, preparados al gusto

Corte las tortillas en cuatro. En una sartén grande caliente el aceite y fríe las piezas de tortillas de maíz hasta que estén crujientes.

Añada salsa de chile colorado y mezcle hasta cubrir todas las tortillas. Añada el queso encima mientras estén a fuego bajo y cocine hasta que se derrita el queso.

Retire del fuego y espolvoreé con cebolla picada. Sirva con huevos preparados a su gusto.

RINDE 4 PORCIONES

AVENA

La avena caliente era uno de los desayunos que Mamá solía preparar para nosotros antes de ir a la escuela, especialmente durante el invierno. Hoy, la avena instantánea puede simplificar las cosas, pero tengo que decir que hay algo especial en la avena casera preparada durante una mañana friolenta. Yo prefiero una avena más suave, con menos grumos y la mejor manera de prepararla es cocinarla por más tiempo del que indican las instrucciones. La avena con sabor a canela es un gran desayuno para personas con el colesterol alto y/o diabetes, ya que la avena tiene un alto contenido de fibra y se ha demostrado que la canela reduce los niveles de glucosa. Cuando lo licúas en la licuadora se convierte en atole. Ésta es una excelente manera de prepararla para los adultos mayores o los niños. Con el paso de los años, esta forma de preparla se convirtió en la favorita de Mamá cuando envejeció y mi nieto Hunter no la comería de ninguna otra manera.

8 tazas de agua

3 rajitas de canela

¼ cucharadita de sal

2 tazas de avena tradicional

1 taza de leche condensada endulzada baja en grasa

Canela molida (opcional)

Azúcar (opcional)

Miel (opcional)

Ponga a hervir el agua con las rajitas de canela. Retire del fuego, tape y deje reposar por 1 hora. Deseche las rajitas de canela.

Agregue la sal y avena al agua y ponga a hervir pero sin tapar la olla. Reduzca el fuego y cocine por 30 minutos, revolviendo frecuentemente para prevenir que se pegue. Añada la leche y cocine por otros 15 minutos hasta que esté cremosa.

Sirva en un tazón y añada más leche o agua si la quiere de consistencia más delgada. Espolvoreé con canela y endulce con azúcar o miel. Refrigere la avena restante por hasta 1 semana.

RINDE 8 A 9 TAZAS

acompañamientos

ENSALADA DE PAPA

 La famosa ensalada de papa de mi mamá era y aún sigue siendo el platillo más solicitado en las parrilladas familiares, bodas y baby showers. Realmente es muy popular. Una vez utilizó 40 libras de papas para hacerla. Conociendo lo trabajadora que es nuestra mamá, lo más probable es que haya pelado las 40 libras de papas en un solo día. Los ingredientes se unen muy bien cuando se preparan 24 horas antes de servir. La primera vez que la preparé, no tenía el mismo sabor que la ensalada de mamá así que la llamé para averiguar qué era lo que faltaba. Fue entonces cuando me reveló su arma secreta: el jugo de pepinillo. ¡Nunca! se me olvidará incluirlo de nuevo.

2½ libras de papa tipo Yukón Gold o papas rojas, peladas y cortadas en cubos

1 cucharada de sal

1 a 2 tazas de mayonesa

2 cucharadas de mostaza amarilla

2 cucharadas de jugo de pepinillo

½ cucharadita de pimienta negra molida

¼ taza de cebollitas verdes picadas

1 taza de apio picado

½ taza de pepinillos dill o agrios, picados

4 onzas de pimientos enlatados, escurridos y picados

5 huevos cocidos, sin cascarón y picados

Sal, al gusto

Ponga a hervir las papas en suficiente agua salada para cubrirlas a fuego alto por 15 minutos. No tape la olla. Escurra las papas pero NO las enjuague. Acomode las papas en una sola capa en una charola para que se enfríen. Cuando ya no se sienten calientes al tacto, cubra la charola con papel aluminio y refrigere por 4 horas o durante toda la noche para que se enfríen completamente, lo impedirá que se ablanden a la hora de agregar los demás ingredientes.

En un tazón mezcle la mayonesa, la mostaza, el jugo de pepinillos y la pimienta negra. Agregue las papas frías y el huevo picado, combine ligeramente todos los ingredientes, no querrá que las papas se ablanden por mezclar demasiado. Sazone con sal.

RINDE 8½ TAZAS

ENSALADA DE MANGO, JÍCAMA Y PEPINO

Los mangos son sin duda mi fruta tropical favorita. Con su tono amarillo cálido, fragancia y pulpa jugosa, los mangos parecen llamarme cada vez que paso por un puesto en la calle o en la sección de frutas y verduras del supermercado. Me encanta comer los mangos solos, pero he encontrado que también se llevan muy bien con otras frutas. Tome por ejemplo esta ensalada: mango, jícama y pepino, bañados con unas gotas de jugo de limón fresco y espolvoreados con un poco de chile rojo en polvo. El mango pasa de ser delicioso a ser inolvidable. Prepare esta ensalada por lo menos un par de horas antes de servir para que todos los sabores deliciosos tengan tiempo de fusionarse.

2 mangos amarillos pequeños, pelados, sin hueso, y cortados en cubos de ½ pulgada

2 mangos rojos o verdes, pelados, sin hueso y cortados en cubos de ½ pulgada

1 jícama mediana, pelada y cortada en cubos de ½ pulgada

1 pepino mediano, pelado, sin semillas y cortado en cubos de ½ pulgada

2 a 3 cucharadas de jugo de limón

⅛ cucharadita de chile en polvo o sazonador para frutas y botanas (recomendamos sazonador Tajín para frutas y botanas)

Pizca de pimienta de Cayena

Sal, al gusto

En un tazón mezcle los mangos, la jícama, el pepino y el jugo del limón. Espolvoreé con chile en polvo, pimienta de Cayena y sal.

Mezcle bien, cubra y refrigere por al menos 1 hora antes de servir.

RINDE 8 A 10 PORCIONES

ENSALADA DE FRIJOLES NEGROS

Hace varios años en una parrillada que tuvimos, preparé demasiado pico de gallo. Al no saber qué hacer con tanto, decidí agregarle unos frijoles negros y elotes enlatados a la salsa sobrante. Después de probar y hacer unos ajustes, como agregar aguacate y cebollas moradas, por fin conseguí el sabor que estaba buscando. Así que aquí lo tienen, una de mis ensaladas frías favoritas que es ligera, rápida y fácil. Sólo asegúrese de preparar una doble porción para las fiestas ¡porque se acaba rápido!

⅓ taza de vinagre de vino tinto

⅓ taza de aceite de oliva extra vírgen

⅛ cucharadita de comino molido

¼ cucharadita de semillas de cilantro molido

Jugo de 1 limón

1 cucharada de sal

1 cucharadita de pimienta negra molida

2 latas (15-onza) de frijoles negros, enjuagados y escurridos (o 4 tazas de frijoles negros recién cocidos)

4 tomates roma, sin semillas y picados

½ cebolla morada, finamente picada

1 manojo de cilantro, picado

1 lata (15-onza) de elote, escurrido

½ chile serrano, finamente picado (opcional)

1 aguacate, pelado, sin hueso y cortado en cubos (opcional)

En un tazón pequeño prepare el aderezo combinando el vinagre de vino tinto, el aceite de oliva, el comino, las semillas de cilantro, el jugo de limón, la sal y la pimienta negra molida.

Coloque los frijoles negros en un tazón grande. Agregue los tomates, cebolla morada, cilantro, elote y el chile serrano, si lo va a utilizar. Añada el aderezo y mezcle. Agregue los aguacates, si los va a utilizar y mezcle ligeramente.

Refrigere la ensalada por unos 30 minutos o durante toda la noche para que se marine. Mezcle una vez más antes de servir.

RINDE 10 PORCIONES

FRIJOLES DE LA OLLA

Mamá siempre decía, "Si hay frijoles en casa, entonces tienes algo para comer." Los frijoles son un ingrediente básico en México. Los frijoles de la olla recién cocidos son mi manera favorita de comerlos. No hay nada más puro que el sabor terroso de los frijoles pinto caseros. Puede comerlos recién cocidos y también los puede comer molidos o refritos. Si le gustan los frijoles refritos intente freírlos con manteca de cerdo, como lo hacía Abuela, o en la grasa sobrante del tocino o la salchicha, o muélalos con un poco de chorizo mexicano. Hay un sinfín de posibilidades.

2 tazas de frijol pinto seco
¼ de cebolla, cortada en rebanadas
Sal, al gusto

Extienda los frijoles en su mesa para que pueda buscar alguna piedra o frijol quebrado, descolorido o arrugado y descarte. Coloque los frijoles en una coladera. Enjuague completamente con agua fría por unos 3 minutos.

Remoje los frijoles en agua fría en un tazón cubierto por 4 a 6 horas antes cocer. Este paso no es necesario, pero sus frijoles lucirán más claros y más bonitos, como dice mi Mamá. (Yo nunca los remojo y aún así lucen bonitos. Yo creo que los frijoles lucen bonitos, siempre y cuando use frijoles frescos, así que prefiero ser una rebelde y saltarme este paso.)

Escurra los frijoles y viértalos en una olla grande. Añada la suficiente agua para que llegue 3 pulgadas arriba de los frijoles. Ponga a hervir a fuego medio a alto. Cubra y cocine hasta que los frijoles se ablanden, alrededor de 3 a 4 horas, añadiendo más agua caliente según como los frijoles vayan absorbiendo el líquido. (Cada olla es diferente así que revise sus frijoles después de 2 horas. La mayoría tardan entre 3 a 4 horas, pero tengo una olla en la que me encanta cocer mis frijoles porque sólo tardan 2 horas.) Agregue la sal y la cebolla, si la va a utilizar, una hora antes de que termine el tiempo de cocción.

Refrigere los frijoles en el líquido que sobre cuando se enfríen. Los frijoles se pueden guardar en refrigeración hasta 5 días. Los frijoles también se pueden congelar en porciones pequeñas para usar mas tarde.

RINDE 6 PORCIONES

CALABACITAS CON ELOTES

Este tiene que ser uno de los platillos más antiguos de los hogares mexicanos. Según Abuela, todos solían tener un jardín en sus casas, aunque fuera pequeño y junto con el maíz, las calabacitas eran de las verduras más cosechadas. Las calabacitas abundan en el verano y otoño así que comíamos calabacitas con elote a menudo mientras yo iba creciendo. Ésta es una de esas recetas que anhelo siempre que veo todas las variedades de calabazas disponibles. Lo cremoso del suero de leche siempre me catapulta a mi infancia.

8 elotes, deshojados

1 cucharada de aceite de oliva

1 cebolla pequeña, picada

3 dientes de ajo, finamente picados

4 zucchini o calabacitas mexicanas, picadas

2 tazas de suero de leche

Sal, al gusto

Pimienta negra molida

1 taza de queso blanco, rallado (Chihuahua o Monterrey Jack)

Desgrane los elotes con un cuchillo. Reserve los granos.

Caliente el aceite de oliva en una sartén grande a fuego de medio a alto. Salteé la cebolla en el aceite caliente por unos 2 minutos. Agregue el ajo y salteé por un minuto más.

Agregue las calabacitas y los granos de elote; tape y cocine hasta que las calabacitas se ablanden, como unos 10 minutos.

Destape y añada el suero de leche. Sazone con sal y pimienta negra y mezcle. Deje hervir. Reduzca a fuego lento y cocine por unos 10 minutos.

Espolvoreé con queso antes de servir, si lo desea.

RINDE 6 A 8 PORCIONES

CHILES TOREADOS

Estos chiles tienen mucho sabor a pesar de ser tan pequeños. La idea de esta receta es brindarles a los jalapeños un elevado sabor ahumado al cocerlos al vapor en un baño de mantequilla y salsa de soya. A mi realmente me gusta esta receta, especialmente con carne asada y verduras a la parrilla. Si le gusta añadirle algo picante a su parrillada del domingo en la tarde, intente prepararlos en la mañana de su evento para darle a su comida ese toque especial.

5 chiles jalapeños

2 cucharadas de salsa de soya

1 cucharada de mantequilla con sal

Precaliente el horno a 400° F.

Coloque los chiles jalapeños en un pedazo de papel aluminio y báñelos con la salsa de soya y la mantequilla. Envuelva bien y coloóquelos en una charola para hornear galletas. Horneé de 12 a 15 minutos.

RINDE 5 CHILES

ARROZ BLANCO CON CILANTRO Y LIMÓN

Siempre me ha gustado el arroz con cilantro y limón pero no era algo que acostumbrásemos comer cuando yo era una niña. Me encanta la acidez del limón y el sabor intenso del cilantro. Pensé que tenía que aprender cómo hacer esto en casa. Así que me lancé en búsqueda de la receta perfecta. Intenté varias recetas pero aún seguía sin lograr el sabor que buscaba. Con el tiempo me di cuenta de que el arroz basmati era el ingrediente que hacia toda la diferencia. Así que después de varias sesiones de prueba y error en mi cocina, finalmente conseguí la receta perfecta. Ahora mi esposo dice que éste es su arroz favorito. El azúcar suaviza la acidez del jugo de limón y le da a esta receta el equilibrio que estaba buscando.

Así que aquí lo tiene, un simple arroz con cilantro y limón que va excepcionalmente bien con un platillo caliente y picante. En especial me gusta con pescado fresco a la plancha o un plato de mole picante (página 159).

1 cucharada de mantequilla con sal

1 taza de arroz basmati blanco de grano largo

½ cucharadita de azúcar granulada

Jugo de 1 a 2 limones pequeños, dividido

2 tazas de agua

1 cucharadita de sal

3 cucharadas de cilantro picado

En una cacerola a fuego medio-bajo derrita la mantequilla. Agregue el arroz y el azúcar. Mezcle ligeramente para cubrir el arroz con la mantequilla y el azúcar. Añada la mitad del jugo de limón y revuelva por 1 minuto. Añada el agua y la sal.

Deje hervir el arroz a fuego alto. Reduzca el fuego de medio a bajo, tape bien y deje cocinar hasta que el arroz se ablande, entre 20 y 25 minutos.

Retire del fuego y espolvoreé el arroz con el cilantro, el resto del jugo de limón y más sal si es necesario. Revuelva el arroz con un tenedor. Tape y deje reposar por 5 minutos antes de servir.

RINDE 4 PORCIONES

Variación: Mi hija Verónica agrega chicharos y zanahorias congelados a su arroz mexicano lo cual le añade un sabor maravilloso y una presentación colorida.

ARROZ A LA MEXICANA

 Este platillo es una de las primeras recetas que aprendí a cocinar cuando era niña. Es un platillo básico en la mayoría de las cocinas mexicanas y tiene un aroma maravilloso mientras se está cocinando. Tengo que confesar, sin embargo, que he tenido un par de desastres mientras aprendía a hacer este platillo. Una vez cocí el arroz sin tostarlo primero, pensando que sólo era hervirlo de la misma manera que mi mamá hacía el arroz con leche. Agregué un poco de puré de tomate y pensé que había hecho muy buen trabajo, pero vaya, no sabía como el delicioso arroz que preparaba mi mamá. Incluso aún después de que ella me enseñó cómo hacerlo, el arroz me salía pegajoso, batido, o un poco crujiente. Al final, después de mucha práctica, he dominado esta receta y ahora es uno de mis platillos que más feliz me hacen al prepararlos. Estoy segura que también será uno de los suyos.

1 cucharada de aceite de oliva

1 taza de arroz de grano largo

¼ taza de cebolla amarilla picada

2 dientes de ajo, picados, o 1 cucharadita de ajo en polvo

3 tazas de agua o 2 tazas de agua y 1 taza de caldo de pollo sin sal (fresco o enlatado)

⅓ taza de puré de tomate

1 cubo (3.1-onza) de consomé de pollo o consomé con tomate

Caliente el aceite en un sartén mediano a fuego medio y añada el arroz. Revuelva hasta que el arroz esté ligeramente dorado. Retire del fuego y agregue la cebolla y el ajo fresco (si es que usa). Revuelva hasta que las cebollas se tornen traslucidas. (El sartén estará bastante caliente para cocinar la cebolla y el ajo sin quemarlos.) Añada el agua y si usa caldo de pollo agréguelo ahora junto con el puré de tomate, el cubo de consomé y el ajo en polvo. Revuelva y deje hervir; reduzca a fuego bajo, tape y deje cocinar por 10 minutos.

Revuelva ligeramente después de 10 minutos, tape y deje hervir por otros 10 minutos. (Si va a agregar verduras enlatadas o congeladas, agréguelas durante los últimos 10 minutos.)

Después de los últimos 10 minutos de cocción, retire del fuego, revuelva ligeramente con un tenedor y vuelva a tapar por otros 3 a 5 minutos para que se termine de absorber el líquido.

RINDE 8 PORCIONES

MACARRONES CON QUESO

 Solía hacer estos macarrones con queso para mis hijos todo el tiempo y ahora los preparo para mis nietos. Esta receta rinde mucho y a todos les encanta. No hay nada como unos macarrones con queso hechos en casa con un toque mexicano.

3½ tazas de agua

2 cucharaditas de sal

1½ tazas de macarrones (coditos) secos

2 cucharadas de cebolla española picada

2 dientes de ajo, finamente picados

1 cucharada de mantequilla sin sal o aceite de oliva

1 lata (8-onza) de puré de tomate

2 cucharaditas de consomé de tomate

1½ tazas de queso rallado tipo Monterrey Jack, Muenster, Asadero, o para quesadillas

Ponga a hervir el agua con la sal en una cacerola mediana. Añada los macarrones y deje hervir por 12 minutos. Retire del fuego, deje reposar pero no los escurra.

En un sartén grande, salteé la cebolla y el ajo en la mantequilla o en aceite de oliva por 2 minutos. Una vez que las cebollas se tornen traslucidas agregue los macarrones cocidos con el agua, el puré de tomate el consomé y deje hervir.

Retire del fuego. Espolvoreé con queso encima y tape hasta que el queso se derrita. Sirva caliente.

RINDE 6 PORCIONES

FAMOSO RELLENO DE VANGIE PARA PAVO

Cuando empecé a hacer este relleno tenía solo 13 años. Empecé por ayudar a mis hermanas mayores a picar los ingredientes. Al pasar los años he cambiado algunos de ellos y al final el resultado fue esta receta. El haber preparado este relleno por tantos años, la receta está grabada en mi memoria. A mi mamá le encantaba mi relleno al igual que a mis hijos y nietos. Por lo regular preparo el doble de esta receta para así poder regalarles a mis vecinos o cualquier otra persona que no pueda cocinar en Acción de Gracias; también incluyo otros platillos tradicionales y un pay de calabaza casero. Siempre están muy agradecidos y sus sonrisas llenan mi corazón de felicidad.

2 chuletas de cerdo pequeñas

1 cucharadita de sal

1 barra (16-onza) de pan blanco en rebanadas

1 libra de tocino

4 onzas de salchicha de cerdo Jimmy Dean

2 tomates medianos, picados

1 cebolla pequeña, finamente picada

1 cartón (32-onza) de caldo de pollo (recomendamos que sea orgánico y bajo en sodio) y más por si es necesario

2 barras de mantequilla sin sal, mas otra ½ barrita para la guarnición

1 zanahoria, pelada y rallada en un procesador de alimentos

4 tallos de apio, cortados en cuartos y rallados en un procesador de alimentos

1 (6-onza) bolsa (a caja de 12 onzas) de Mrs. Cubbison's Relleno Clásico Sazonado

1 lata (2.25-onza) de aceitunas negras picadas

1 cucharadita de sazonador para aves

Pimienta negra molida

(CONTINUACIÓN)

FAMOSO RELLENO DE VANGIE PARA PAVO
(CONTINUACIÓN)

Ponga a hervir las chuletas de cerdo con un poco de agua y añada 1 cucharadita de sal por 20 minutos cuando casi estén completamente cocidas. Cuando se enfríen las chuletas, córtelas en pedazos pequeños de ¼ de pulgada y luego páselas en un procesador de alimentos hasta que estén finamente picadas. Reserve el agua en la que se cocieron.

Tueste las rebanadas de pan en una charola para hornear galletas, en el horno o en un tostador; cuando se enfríen rompa el pan en pedazos de ½ pulgada.

Corte el tocino en pedazos de ½ pulgada y fríe en un sartén grande hasta que esté cocido, pero no crujiente; escurra. Descarte la grasa.

En el mismo sartén, cocine la salchicha quebrantándola o aplastándola con un machacador de papas durante la cocción. Escurra la grasa excesiva. Reserve la salchicha.

En el mismo sartén en el que cocinó el tocino y la salchicha, salteé los tomates y la cebolla de 5 a 7 minutos. Agregue las chuletas picadas, el tocino y la salchicha; mezcle bien y deje cocinar por algunos minutos para que se mezclen los sabores. Retire del fuego y deje enfriar.

En una olla grande, combine el caldo de pollo, la mantequilla, la zanahoria y el apio. Deje hervir. Añada 1 bolsa de relleno y mezcle bien. Retire del fuego y deje enfriar.

En un tazón grande, combine las migajas de pan tostado con la mezcla de salchicha y la mezcla de relleno. Si está demasiado seco añada un poco del caldo de las chuletas o caldo de pollo, un poco a la vez.

Agregue las aceitunas negras, el sazonador de aves y la pimienta negra. Mezcle bien, tape y refrigere durante toda la noche.

Precaliente el horno a 350° F. Coloque el relleno en una charola para hornear de 9 x 11 pulgadas y agregue de 4 a 6 pedacitos de mantequilla y cubra con papel aluminio. Horneé de 1 a 1½ horas y destápelo en los últimos 10 o 15 minutos de horneado.

VARIACIÓN:
Durante Acción de Gracias hay muchos platillos que necesitan tiempo en el horno, siempre puede colocar el relleno en una olla de cocción lenta. Si va a usar una olla de cocción lenta, rocíe la olla de cocción lenta con aceite en aerosol. Agregue el relleno y adorne con 4 pedacitos de mantequilla encima del relleno. Cocine a temperatura alta por 1 hora hasta que empiece a hervir y el pan empiece a expandirse. Reduzca a temperatura baja. Esto mantendrá el relleno caliente hasta la hora de servir (sólo asegúrese de que no se quemen las orillas).

RINDE 20 PORCIONES

postres

ARROZ CON LECHE

Recuerdo con claridad que comía un tazón caliente de arroz con leche y pasas para el desayuno antes de ir a la escuela, especialmente en mañanas frías. En lugar de sólo utilizar leche evaporada, como lo hacía mi mamá, cambié su receta un poco al añadir leche condensada endulzada. Los recuerdos maravillosos de estar sentada con mi hermano Carlos en nuestra cocina cálida aún siguen conmigo. Aún puedo escuchar a mi mamá decirnos que nos diéramos prisa para no llegar tarde a la escuela.

3½ tazas de agua

2 rajitas de canela

3 a 5 clavos de olor enteros

¼ cucharadita de sal

¾ taza de arroz blanco de grano largo

¾ taza de leche evaporada

½ taza de leche condensada endulzada (recomendamos La Lechera)

1 taza de pasas obscuras

1 cucharada de canela molida, para espolvorear a la hora de servir

A fuego alto, ponga a hervir el agua con las rajitas de canela, los clavos de olor y la sal. Retire del fuego y tape. Deje reposar por unos 45 minutos a 1 hora.

Retire las rajitas de canela y los clavos de olor. Añada el arroz, deje hervir a fuego medio por 20 minutos.

Añada la leche evaporada, la leche condensada endulzada y las pasas; continúe cocinando a fuego bajo por unos 10 minutos. Revuelva ligeramente pero tenga cuidado de no revolver demasiado para que no se bata el arroz.

Sirva en tazones y espolvoreé con canela molida.

RINDE 8 PORCIONES

CAPIROTADA

Mencione la palabra capirotada a un latino y le evocará todo tipo de recuerdos de la infancia. El aroma creado por los ingredientes del jarabe, es bastante peculiar debido al piloncillo, que es azúcar pura sin refinar cuya presentación tiene forma de cono. El sabor del piloncillo es muy similar al del azúcar morena con un sabor de melaza ahumada. El olor a piloncillo y especias que se cocinaban a fuego lento en la estufa de Mamá perduraba durante horas. De niña siempre comíamos capirotada durante la Cuaresma, pero sé de familias que acostumbran comerla en Acción de Gracias, en Navidad y en las Posadas.

Los ingredientes de esta receta tienen una representación simbólica religiosa para algunas familias mexicanas y mexicano-estadounidenses. El pan representa el cuerpo de Cristo, el jarabe es su sangre, los clavos de olor son los clavos de la cruz, las rajitas de canela simbolizan la cruz de madera y el queso derretido representa la santo sudario. De ahí la razón por la cual algunos comen la capirotada durante la época de Cuaresma.

Tan rico huele la capirotada que cuando recién sale del horno es mi momento favorito para comerla, hasta 2 días después. A veces me gusta comerla fría, directamente del refractario. Lo salado del queso, la dulzura del piloncillo y las especias añadidas hacen de éste un postre que vale la pena probar.

4 rollos de bolillo o rollos franceses

4 cucharadas de mantequilla o mantequilla en aerosol

4½ tazas de agua

12 onzas de piloncillo o 1½ tazas de azúcar morena obscura

4 rajitas de canela

6 clavos de olor enteros

1 taza de pasas

3 tazas de queso Longhorn Cheddar o Colby

Precaliente el horno a 350° F.

Corte los rollos en rebanadas de ½ pulgada y unte ambos lados con mantequilla. Acomode en una charola para hornear y horneé por 3 minutos de ambos lados, hasta que estén ligeramente dorados y secos. Retire del horno y enfríe.

Combine el agua, el piloncillo, las rajitas de canela y los clavos de olor en una cacerola grande. Ponga a hervir; reduzca el fuego y deje cocinar sin tapar por 20 minutos creando un jarabe. Retire del fuego, tape y deje reposar por 2 horas. Vierta en una coladera, descarte las rajitas de canela y los clavos. Reserve el jarabe.

Rocíe una charola para hornear de 8 pulgadas x 10½ pulgadas con un aerosol anti-adherente. Acomode los ingredientes en capas en el siguiente orden: un tercio del pan tostado, un tercio de las pasas, un tercio de queso y luego vierta 1½ tazas de jarabe encima del queso. Espere 15 minutos y luego continúe con otra capa de otro tercio del pan, pasas, queso y vierta uniformemente las 1½ tazas de jarabe sobre el queso. Deje remojar por otros 15 minutos. Continúe con el pan, pasas, y queso restante y vierta lo que queda del jarabe sobre del pan. Deje reposar otros 15 minutos.

Cubra la charola con papel aluminio previamente rociado con aerosol anti-adherente y horneé por 40 minutos. Destape y horneé por otros 15 minutos o hasta que el queso se dore. Sirva caliente.

RINDE 8 A 10 PORCIONES

FLAN DE COCO

La textura y sabor del flan es muy parecida a la de otro de mis postres favoritos, la creme brulée. Sin embargo, en lugar de una cubierta de azúcar cristalizada y de comerlo directo del moldecito, el flan se desmolda y se sirve en un plato, lo cual permite que el jarabe caramelizado de color ámbar, recorra por todos lados realzando aún más su textura cremosa. El flan es muy versátil. Puede hacerlo sencillo o puede elevar su sabor con un toque de vainilla. Si es más aventurada puede hacer un flan sencillo añadiendo algunos de sus sabores favoritos. A mí, en especial, me encanta el coco y pensé que haría un flan tropical refrescante. Después de mucha experimentación finalmente logre el dulce, ligero, y cremoso sabor de coco que buscaba al usar leche de coco. Manténgase alejada de la crema de coco porque le da una textura grumosa al flan.

4 tazas de leche

1 taza de azúcar granulada, dividida

3 huevos

3 yemas de huevo

1 cucharada de extracto de coco

1 taza de leche de coco

⅓ taza de hojuelas de coco

Ponga a hervir la leche y ½ taza de azúcar y mézclelas bien, hasta que el azúcar se disuelva completamente. Deje hervir a fuego bajo por unos 45 minutos, revolviendo de vez en cuando durante la cocción.

Mientras se reduce la leche, prepare el jarabe: Coloque la ½ taza restante de azúcar en una cacerola pequeña a fuego medio. Deje que el azúcar se derrita, de 5 a 7 minutos. No necesita revolver, sólo meneé la cacerola sobre el fuego hasta que se derrita. Una vez que el azúcar se torne de color ámbar obscuro, estará listo. Rápidamente vierta el caramelo en 8 moldes de 4 onzas. El caramelo se endurecerá y se quebrantará mientras se enfría. No se preocupe, quedará líquido una vez que se horneé el flan.

(CONTINUACIÓN)

FLAN DE COCO
(CONTINUACIÓN)

Precaliente el horno a 350°F y acomode su rejilla en el centro del horno. Bata los huevos, las yemas de huevo, el extracto de coco y la leche de coco en un tazón.

Cuele la leche reducida a un tazón por separado. (El colarlo removerá cualquier partícula sólida o nata.) Rápidamente bata la mezcla de huevo con la mezcla de leche reducida. Vierta lentamente en los moldes preparados.

Coloque los moldes dentro de una charola profunda para hornear. Con mucho cuidado añada agua tibia a la charola hasta la mitad de los moldes. Horneé a baño María por 35 minutos o hasta que las orillas estén firmes (los centros no estarán firmes).

Retire la charola para hornear del horno y retire los moldes del agua y coloque en una rejilla para enfriar completamente por al menos 1 hora.

Después de 1 hora, cubra los moldes con envoltura plástica y refrigere por al menos 8 horas o durante toda una noche. (Éstas se pueden preparar varios días antes y aún sabrán deliciosas.)

Cuando estén listos para servir, tueste el coco en un sartén seco hasta que se torne en un color dorado. Con mucho cuidado recorra un cuchillo alrededor de las orillas de los moldes para aflojar el flan, volteélos en platos para servir, espolvoreé con un poco de coco tostado y sirva.

RINDE 8 A 10 PORCIONES

Nota: Tueste el coco en una sartén tibio sin aceite. Se tuesta rápidamente así que cuídelo de cerca.

FLAN DE CALABAZA Y TRES LECHES

Un día de Acción de Gracias mi mamá le encargó a una amiga un flan de calabaza y tres leches que fue inolvidable. Cada Acción de Gracias después de eso me encontraba deseando tener esa receta. Después de experimentar finalmente obtuve mi propia receta. Este flan de calabaza es rico y aterciopelado, fragante con especias tradicionales de un pay de calabaza con la textura de un cheesecake (pastel de queso). El queso crema en este flan le da una firmeza que lo mantiene suave y cremoso al mismo tiempo. El truco en preparar cualquier flan consiste en cocinarlo a baño María que produce un calor suave que evitará que el flan se rompa o se cuaje. La consistencia de la calabaza en esta receta le da una textura no muy tradicional para un flan. Si quiere una textura aterciopelada cuele la mezcla antes de verterla en el molde de rosca.

½ taza de azúcar granulada

8 onzas de queso crema, suavizada

2 huevos, a temperatura ambiente

2 yemas de huevo, a temperatura ambiente

1 lata (14 onzas) de leche condensada endulzada

1 lata (12 onzas) de leche evaporada

1½ tazas de leche

1 cucharadita de extracto de vainilla puro

¾ taza de puré de calabaza fresco o puré de calabaza orgánico enlatado

½ cucharadita de canela molida

⅛ cucharadita de clavos de olor molidos

⅛ cucharadita de jengibre molido

⅛ cucharadita de nuez moscada molida

Precaliente el horno a 325° F. Rocíe un molde de rosca de 10 pulgadas con aceite en aerosol.

Cocine el azúcar en una cacerola a fuego medio, revolviendo seguido, por 5 a 7 minutos o hasta que se derrita y se torne en un color medio-café. Vierta la mezcla de azúcar en el molde de rosca y cubra con ella todo el fondo del molde. (Debido al cambio de temperatura al cubrir el molde, el azúcar se endurecerá rápidamente, no se preocupe, una vez que se añada y horneé el flan, se convertirá en un hermoso jarabe dorado.)

(CONTINUACIÓN)

FLAN DE CALABAZA Y TRES LECHES
(CONTINUACIÓN)

En un tazón grande, bata el queso crema a velocidad media con una batidora eléctrica por 1 minuto. Redúzca la velocidad a baja y añada los huevos y las yemas de huevo hasta que estén bien mezcladas. Lentamente añada las tres leches y la vainilla y bata a velocidad baja por 1 minuto.

Agregue el puré de calabaza y especias y continúe mezclando por 1 a 2 minutos. Vierta la mezcla al molde de rosca ya preparado. (La mezcla podría estar ligeramente grumosa. Si quiere un flan suave cuele la mezcla antes de verter al molde.)

Coloque el molde de rosca dentro de una charola profunda para hornear. Coloque la charola para hornear en el centro del horno y añada agua caliente a la charola hasta llegar a la mitad del molde. Horneé por 1 hora y 20 minutos o hasta que las orillas estén firmes. (El centro no estará firme.)

Retire la charola para hornear del horno y saque el molde de rosca del agua. Colóquelo en una rejilla y deje enfriar completamente por lo menos 1 hora.

Refrigere por lo menos 8 horas o durante toda una noche.

Con todo cuidado pase un cuchillo alrededor de las orillas para aflojar el flan, voltéelo sobre un plato para servir.

RINDE 8 A 10 PORCIONES

BISCOCHOS

Estas galletas son una tradición Navideña de nuestra familia. Las he preparado desde que tenía 15 años de edad. Cada año en Navidad, mi mamá me pedía que las hiciera porque le encantaba el aroma de la canela en la época Navideña. Estas galletas frágiles se deshacen en la boca y contienen la adición exótica de anís con un toque de canela. Desde entonces, también he preparado estas deliciosas galletas para muchas ocasiones memorables. Son una tradición mexicana para bodas, quinceaños y Navidad. Yo solía hacer estas galletas con mis hijos cuando eran pequeños. Yo extendía la masa y luego juntos cortábamos cuidadosamente la masa en figuras de diamantes con un cuchillo. Hoy en día uso una prensa para galletas que resulta en una galleta más ligera. De cualquier modo son tan hermosas como deliciosas. ¡Disfrute!

6 tazas de harina de todo uso

2 cucharaditas de polvo para hornear

1 cucharadita de sal

2 cucharadas de canela molida (recién molida si es posible)

¼ cucharadita de jengibre molido

1 libra de manteca de cerdo o vegetal

1 huevo

1½ tazas de azúcar granulada

1 cucharada de extracto de vainilla puro

½ taza vino blanco, jugo de naranja o agua

2 cucharadas de semillas de anís entero, trituradas

CUBIERTA DE AZÚCAR CON CANELA

1 taza de azúcar granulada

½ cucharadita de canela molida

(CONTINUACIÓN)

BISCOCHOS
(CONTINUACIÓN)

Precaliente el horno a 350° F.

Cierna la harina con el polvo para hornear, la sal, la canela y el jengibre.

En un tazón por separado, bata la manteca de cerdo o la vegetal hasta que quede suave y cremosa. Agregue el huevo, el azúcar, la vainilla y el líquido de su preferencia. Añada los ingredientes líquidos a la mezcla de harina.

Agregue las semillas de anís en este momento y amase hasta que se forme una bola. Si la masa está muy pegajosa agregue más harina.

Extienda la masa a un grosor de ¼ pulgada en una superficie enharinada y corte biscochos con un cortador de galletas enharinado; o puede colocar la masa dentro de una prensa para hacer galletas y utilizar su diseñó favorito. Cuando use un cortador de galletas, tendrá que amasar y extender la masa varias veces hasta que haya utilizado toda la masa.

Coloque los bizcochos en una charola sin engrasar y horneé de 8 a 10 minutos hasta que estén dorados.

Mientras los bizcochos se hornean, en un tazón grande combine el azúcar y la canela para la cubierta.

Después del horneado, coloque los bizcochos tibios en la mezcla de azúcar y canela y cubra. Estas galletas se pueden guardar en bolsas de plástico y ser refrigeradas o congeladas.

RINDE 300 GALLETAS

CHURROS Y CHOCOLATE

Los churros son unas tiras largas de masa que se fríen hasta dorarlos y se espolvorean con azúcar y canela. Mientras crecíamos nunca comimos churros en casa, pero definitivamente eran un favorito de nuestra ciudad natal en los bazares de la iglesia, festivales, mercados, taquerías e incluso en los parques de diversiones. Saben mejor cuando aún están tibios y sumergidos en una cálida y deliciosa salsa espesa de chocolate mexicano.

CHURROS

½ taza de azúcar granulada

½ cucharadita canela molida

1 taza de agua

⅓ taza de mantequilla sin sal

2 cucharadas de azúcar morena

½ cucharadita de sal

2 tazas de harina de todo uso

2 huevos, a temperatura ambiente

1 cucharadita de extracto de vainilla puro

Aceite vegetal (para freír)

Cáscara de ½ limón cortada en tiras

SALSA DE CHOCOLATE MEXICANO

¼ taza crema espesa para batir

1 (3.3 onzas) tableta de chocolate mexicano (recomendamos Nestlé-Abuelita), picada

1 cucharada de mantequilla sin sal

3 cucharadas de cocoa en polvo, sin azúcar (opcional para una salsa más espesa)

¼ cucharadita de extracto de vainilla

¼ cucharadita de canela molida

2 cucharadas de licor de café (recomendamos Kahlúa) (opcional)

(CONTINUACIÓN)

CHURROS Y CHOCOLATE
(CONTINUACIÓN)

CHURROS:

En un plato ancho mezcle el azúcar con la canela.

En una cacerola mediana, combine el agua, la mantequilla, el azúcar morena y la sal. Ponga a hervir a fuego medio, luego agregue toda la harina de una vez, revolviendo vigorosamente con una cuchara de madera. Cocine y revuelva hasta que la mezcla forme una bola y se separe de las orillas de la cacerola. Retire del fuego. Deje enfriar por 10 minutos.

En un tazón por separado, mezcle los huevos y el extracto de vainilla. Agregue a la mezcla de harina, incorporando bien con una cuchara de madera.

Rellene una duya con una punta de estrella grande de 1M con la masa. (La punta de estrella es lo que le da forma al churro.)

Caliente 2 pulgadas de aceite y la cáscara de limón en una cacerola honda a 350° F. Asegúrese de que el aceite esté caliente antes de agregar las tiras de masa. Trate de probar el aceite al dejar caer una pequeña cantidad de masa. Si burbujea rápidamente probablemente está listo. Si tiene un termómetro para hacer dulces, mida la temperatura. (Cuando la cáscara de limón se dora, retírelo del aceite y descarte.)

En cuanto su aceite esté bastante caliente, exprima una tira de masa de 4 pulgadas de largo al aceite caliente por cada churro. Corte la masa con unas tijeras o un cuchillo filoso. Tenga cuidado de no quemarse con el aceite caliente. Cocine 4 churros a la vez. Deje que los churros se fríen por un minuto antes de voltearlos con unas pinzas para freír por otro minuto. Los churros deberán estar dorados.

Escurra los churros en toallas de cocina. En cuanto se puedan manejar, cubra con la mezcla de azúcar y canela. Sirva los churros mientras están tibios con la salsa de chocolate mexicano.

SALSA DE CHOCOLATE MEXICANO:

Caliente ¼ de taza de crema en una cacerola gruesa a fuego medio hasta que empiece a hervir. Retire la cacerola del fuego y agregue el chocolate mexicano. Deje que el chocolate se asiente en la crema por 3 a 5 minutos para que se ablande y luego mezcle el chocolate con la crema. Agregue la mantequilla, la cocoa en polvo (opcional), la vainilla, la canela y el licor (opcional).

Si el chocolate se espesa demasiado, añada más crema de cucharada en cucharada hasta lograr la consistencia deseada.

RINDE 2 DOCENAS DE CHURROS

BUÑUELOS

No sería Navidad sin estas frituras de azúcar y canela tan fáciles de preparar. Me encanta comer buñuelos en la mañana con un cafecito durante la temporada navideña. Ésta es la receta de mi mamá. Sólo recuerde hacer todos los buñuelos porque se acaban pronto. Los puede acomodar en pilas de 3 o de 5 y amarrarlos con listón decorativo para llevarlos a la siguiente reunión navideña a la que asistirá. Son irresistibles, especialmente rociados con miel vírgen o cajeta. Los buñuelos son crujientes y aromáticos con un aroma delicado de canela que con cada mordida azucarada dice "¡Feliz Navidad!"

3 tazas de harina de todo uso

1 cucharadita de polvo para hornear

1 cucharadita de sal

1 cucharadita de canela molida

¾ tazas de leche

4 cucharadas de mantequilla sin sal

1 cucharadita de extracto de vainilla puro

2 huevos

Aceite vegetal o de canola para freír

CUBIERTA DE AZÚCAR Y CANELA

1 taza de azúcar granulada

1 cucharadita de canela molida

(CONTINUACIÓN)

BUÑUELOS
(CONTINUACIÓN)

En un tazón mezcle la harina, el polvo para hornear, la sal y la canela.

En una cacerola ponga a hervir la leche, la mantequilla y la vainilla. Retire del fuego. En un tazón por separado, bata los huevos y añada a la mezcla, leche tibia, revolviendo rápidamente.

Añada la mezcla liquida a los ingredientes secos y mezcle bien. Amase la masa en una superficie enharinada de 2 a 3 minutos hasta que esté suave.

Después de amasar la masa, divida la masa en 20 bolitas. Con un rodillo extienda cada bolita hasta que parezca una tortilla muy delgada. Acomode los círculos de masa encima de un mantel y deje secar durante toda la noche, volteándolos una vez para que se sequen de ambos lados. Esto ayuda a retirar la mayoría de la humedad antes de freír.

En una cazuela combine el azúcar y la canela para la cubierta. Reserve para cubrir los buñuelos después de freír.

Caliente 1 pulgada de aceite en un sartén bastante ancho para poder freír los buñuelos. Fría los buñuelos, uno por uno, hasta que estén dorados, volteando una vez. Retire del sartén y acomode verticalmente en un tazón forrado con toallas de papel para escurrir el exceso de aceite.

Mientras están tibios, espolvoreé los buñuelos fritos por ambos lados con la cubierta de azúcar con canela.

RINDE 20 BUÑUELOS

BUÑUELOS CON FRESA, MANGO Y CAJETA

Los buñuelos son unos postres parecidos a las tortillas que se preparan durante la época navideña. Un día mientras buscaba un postre para una parrillada veraniega, decidí hacer unos buñuelos pero con toque de verano. Adorné los buñuelos con fresas junto con mi fruta tropical favorita, mangos jugosos. Mientras buscaba azúcar pulverizada en mi despensa vi la cajeta y decidí rociar un poco sobre la fruta. Para terminar cubrí el postre colorido con azúcar en pulverizado. Estos saben tan bien como se ven. Siéntase libre de adornar sus buñuelos con cualquier fruta de temporada que esté disponible. Mis invitados quedaron impresionados porque los buñuelos se veían tan vibrantes como frescos y sabían a verano con un toque de invierno.

3 tazas de harina de todo uso

1 cucharadita de polvo para hornear

1 cucharadita de sal

1 cucharadita de canela molida

¾ taza de leche

4 cucharadas de mantequilla sin sal

1 cucharadita de extracto puro de vainilla

2 huevos, ligeramente batidos

1 taza de aceite de canola para freír

CUBIERTA

1 taza de azúcar granulada

1 cucharadita de canela molida

GUARNICIONES

4 tazas de fresas rebanadas

2 mangos pelados, sin hueso y cortados en cubos

½ taza de cajeta

¼ taza azúcar pulverizada

(CONTINUACIÓN)

BUÑUELOS CON FRESA, MANGO Y CAJETA
(CONTINUACIÓN)

En un tazón combine la harina, polvo para hornear, la sal y la canela.

Ponga a hervir la leche, la mantequilla y la vainilla en una cacerola. Retire del fuego. En un tazón por separado, bata los huevos y añada a la leche tibia mezclando rápidamente.

Agregue la mezcla liquida a los ingredientes secos y mezcle bien. Amase la masa en una superficie ligeramente enharinada por unos 2 a 3 minutos hasta que esté suave.

Divida la masa en 20 partes iguales. Con un rodillo extienda cada porción de masa para que parezca tortilla. A diferencia de nuestros tradicionales buñuelos navideños de la pagina 249, estos no tienen que ser tan delgados, ni necesitan reposar durante toda la noche para secarse. Esto le dará un pan frito grueso a diferencia de un buñuelo delgado y crujiente.

En un molde ancho para hornear combine el azúcar y canela para la cubierta. Reserve para cubrir los buñuelos después de freír.

Caliente el aceite en un sartén bastante ancho para freír los buñuelos. Fría los buñuelos, uno a la vez, hasta que estén dorados, volteando una vez. Retire del sartén y coloque verticalmente en un tazón forrado con toallas de papel para escurrir el exceso de aceite.

Mientras están tibios, espolvoreé ambos lados con la mezcla de azúcar y canela.

Coloque un buñuelo en un plato, adorne con fresas y mangos, rocíe cajeta encima de la fruta y espolvoreé con el azúcar pulverizado.

RINDE 20 BUÑUELOS

EMPANADAS DE CALABAZA

En nuestra casa recibimos el otoño con sabrosas empanadas dulces hechas con calabaza fresca. La calabaza hirviendo con piloncillo, canela y clavos de olor despide un olor dulce y terroso, recordándonos que el otoño ha llegado. Hasta la fecha, cada vez que huelo canela evoca dulces recuerdos de mi mamá horneando en su cocina. Durante el otoño me pedía que le llevara una calabaza para poder hacer sus deliciosos pies y empanadas caseras. Ella prefería las calabazas verdes rayadas o las verdes obscuras porque eran más carnosas. Pero si no las podía encontrar, las calabazas naranjas también eran aceptables. Siempre lograba hacer que las cosas funcionaran.

RELLENO DE CALABAZA

1 calabaza de 4 a 5 libras (naranja o rayada)

2 tazas de agua

3 rajitas de canela

5 clavos de olor enteros

16 onzas de piloncillo o 2 tazas de azúcar morena

MASA PARA EMPANADAS

3 tazas de harina de todo uso

2 cucharaditas de polvo para hornear

½ cucharadita de sal

½ taza de manteca vegetal

2 huevos

½ taza de leche

2 cucharadas de azúcar granulada

1 cucharadita de canela (opcional)

GLASEADO

Leche evaporada enlatada o clara de huevo

Mezcla de azúcar con canela (1 cucharada de canela molida mezclada con ¼ de taza de azúcar)

PARA HACER EL RELLENO DE CALABAZA:

Enjuague el exterior de la calabaza con agua fría o tibia, sin jabón. Usando un cuchillo de sierra corte la calabaza a la mitad y retire las semillas. Raspe la capa fibrosa con una cuchara. Descarte las semillas y la pulpa fibrosa. Corte la calabaza en rebanadas de 3 a 4 pulgadas dejando la cáscara.

En una vaporera o una olla grande, cocine al vapor la calabaza en las 2 tazas de agua, asegurándose de mantener la tapa bien cerrada, por 20 a 40 minutos o hasta que la calabaza esté suave.

Deje enfriar la calabaza. Una vez que se enfríe, con una cuchara retire la pulpa cocida a un tazón y descarte la cáscara. Aplaste la calabaza cocida con un machacador de papas. Cuele el líquido de cocción de la calabaza a otro tazón. Reserve el líquido y la calabaza cocida.

En la misma vaporera, coloque el líquido reservado (como ½ a 2/3 de taza) y añada las rajitas de canela y los clavos de olor. Lleve el líquido a ebullición y retire del fuego. Tape y deje reposar por 30 minutos.

Retire la canela y los clavos, agregue el puré de calabaza al líquido. Añada el piloncillo, deje que se disuelva en la calabaza a fuego de medioa bajo, revolviendo de vez en cuando para evitar que se queme o se pegue a la olla. El puré de calabaza se tornará más obscuro con el piloncillo haciéndolo más dulce.

Una vez que se haya disuelto por completo el piloncillo reduzca el fuego y deje cocinar sin tapa hasta que se evapore toda el agua. Retire del fuego y deje enfriar el puré de calabaza por unos 15 minutos antes de refrigerar.

Para asentar el puré, refrigere el puré por unas 3 horas o durante toda la noche. Si se separa algo de líquido, retírelo con una cuchara para evitar que el relleno quede demasiado aguado.

Prepare la masa para empanadas después que se haya enfriado el relleno.

PARA PREPARAR LA MASA PARA EMPANADAS:

Mezcle los primeros 3 ingredientes secos. Incorpore la manteca vegetal. Es mejor si usa sus manos. Agregue los huevos, la leche, el azúcar y la canela. Continúe usando sus manos hasta que obtenga una masa suave. Divida la masa en dos, envuelva con envoltura plástica y refrigere de 20 a 30 minutos.

(CONTINUACIÓN)

EMPANADAS DE CALABAZA
(CONTINUACIÓN)

PARA PREPARAR Y HORNEAR LAS EMPANADAS:
Precaliente el horno a 350° F.

Divida la mitad de la masa en 12 bolitas del mismo tamaño.

En una superficie enharinada, extienda las bolitas de masa formando discos redondos pequeños. Coloque una cucharada de relleno de calabaza en el centro de cada disco. Humedezca las orillas con agua para que se adhiera la masa. Doble la masa encima del relleno y selle las orillas con un tenedor. Esto también forma un diseño decorativo al hornearse.

Repita con la masa y relleno restante.

Unte cada empanada con leche evaporada enlatada o clara de huevo, espolvoreé con la mezcla de azúcar y canela. Perfore cada empanada con un tenedor para permitir que escape el vapor acumulado durante el horneado.

Rocíe una charola grande para hornear con aceite en aerosol y acomode las empanadas en la charola; horneé de 15 a 20 minutos en la rejilla y en medio del horno. Si después de 15 minutos nota que las empanadas se están dorando de más, mueva la charola a la rejilla de arriba y continúe horneando durante los ultimos 5 minutos o hasta que estén doradas.

Disfrute las empanadas tibias o a temperatura ambiente. Refrigere las empanadas horneadas por unos días. Recaliente en un horno tostador u horneé a 350 grados Fahrenheit por 8 minutos.

RINDE 24 EMPANADAS

EMPANADAS DE MANZANA

 La casa que mis padres compraron en El Paso era una casa de tres habitaciones con cuatro árboles frutales en el patio trasero: manzana, chabacano, durazno y membrillo. Mi mamá nunca dejaba que la fruta se desperdiciara; ella hacía toda la fruta en conserva. Se pasaba horas sentada pelando pilas de manzanas para luego hacer pays y empanadas. Cuando huelo estas empanadas horneándose, me imagino a mi mamá en la cocina a mi lado tarareando y sonriendo. He simplificado la receta para no tener que cocer las manzanas primero y salen igual de sabrosas como las de Mamá.

RELLENO DE MANZANA

4 tazas de manzanas Granny Smith, picadas

2 cucharadas de harina de todo uso

½ taza de crema agria

1 cucharadita de canela molida

¼ cucharadita de sal

1 cucharadita de extracto de vainilla puro

Masa para empanadas (página 254)

GLASEADO

Leche evaporada enlatada o clara de huevo

Mezcle de Azúcar con Canela (1 cucharadita de canela molida mezclado con ¼ de taza de azúcar)

PARA PREPARAR Y HORNEAR LAS EMPANADAS:

Precaliente el horno a 350° F. Combine todos los ingredientes para el relleno de manzana, menos la masa para empanadas, en un tazón grande.

Divida la masa para empanadas en 24 piezas. En una superficie enharinada, extienda las piezas de masa en pequeños círculos redondos. Coloque una cucharadita del relleno de manzana en el centro de cada circulo. Humedezca las orillas de los círculos de masa para que se adhiera la masa. Doble la masa y selle las orillas con un tenedor.

Unte cada empanada con leche evaporada o clara de huevo, espolvoreé con la mezcla de azúcar y canela. Perfore cada empanada con un tenedor para permitir que escape el vapor mientras se hornean.

Rocíe una charola grande para hornear con aceite en aerosol; acomode las empanadas en la charola y horneé por 13 a 20 minutos en la rejilla en el centro del horno.

RINDE 24 EMPANADAS

SOPAIPILLAS

 En lugar de hacer tortillas de harina, mi mamá a veces hacía sopaipillas. Ella formaba tortillas de harina redondas y luego cortaba cada tortilla en cuartos para después freírlas. Ella las hacia muy crujientes, en forma similar a un pan plano frito y dorado. Mi manera favorita de comerlas es con ingredientes salados como frijoles refritos, queso y una salsa casera. Mi mamá, sin embargo, las espolvoreaba con azúcar y las rociaba con miel encima. Por lo general las servía para el postre, pero muy de vez en cuando, si llegaba a sobrar alguna, la disfrutaba con su cafecito en la mañana. Todavía puedo verla sentada allí en la cocina rociando miel y asintiendo con la cabeza en señal de aprobación.

2 tazas de harina de todo uso

2 cucharaditas de polvo para hornear

1 cucharadita de sal

2 cucharadas de manteca vegetal

¾ taza de agua tibia

1 a 2 tazas de aceite de canola para freír

Azúcar con canela (1 cucharadita de canela molida mezclada con ¼ taza de azúcar)

Miel

En un tazón grande, cierna la harina, polvo para hornear y la sal. Incorpore la manteca vegetal. Lentamente agregue el agua hasta que la masa forme una bola.

Divida la masa en 5 piezas. Extienda cada pieza de masa en una superficie ligeramente enharinada hasta formar un círculo de 8-pulgadas de diámetro. Corte cada círculo en 4 piezas.

Ponga a calentar el aceite en una cazuela honda. Agregue unas cuantas rebanadas de masa a la vez. Las rebanadas se inflarán. Volteé una vez para que se inflen de ambos lados; luego volteé de nuevo para que se doren uniformemente.

Escurra en toallas de papel. Mientras están tibias, cubra cada sopaipilla con la mezcla de azúcar y canela. Acompañe con miel.

RINDE 20 SOPAIPILLAS

PASTEL DE ZANAHORIA

Este pastel de zanahoria puede que no sea una receta tradicional mexicana, pero es un favorito de nuestra familia y por lo tanto nos pareció que tenía que formar parte de este libro de recetas. Era el pastel que preparaba para mis hijos cada año para sus fiestas de cumpleaños. En lugar de un pastel redondo de varios pisos por lo general elaboraba un gran pastel plano. Créame, que tenía que ser grande por el tamaño de nuestra familia. Había siempre una gran cantidad de primos, tías y tíos para devorarlo. Esta receta clásica es suave, dulce y tiene la combinación perfecta de especias. El glaseado de queso crema es delicioso, pero no demasiado dulce, un complemento delicioso para el pastel.

PASTEL

3 huevos

1 clara de huevo

1¼ tazas de azúcar granulada

1½ tazas de aceite vegetal o de canola

2 cucharaditas de canela molida

¼ cucharadita de nuez moscada

¼ cucharadita de sal

1 cucharadita polvo para hornear

1 cucharadita bicarbonato de sodio (carbonato)

2 tazas de harina de todo uso

2 tazas de zanahorias ralladas

½ taza de piña, molida

2/3 taza de nueces picadas (opcional)

BETÚN DE QUESO CREMA

½ taza de mantequilla sin sal y suavizada

1 paquete (8 onzas) de queso crema, suavizado

1 cucharadita de extracto de vainilla puro

4 tazas de azúcar pulverizada (glass)

2 a 3 cucharadas de leche

(FOTO EN LA PÁGINA 264)

Precaliente el horno a 350° F. Engrase dos moldes redondos para pastel de 9 pulgadas.

En un tazón, combine los huevos, la clara de huevo, el azúcar y el aceite.

En otro tazón, combine los ingredientes secos. Añada la mezcla de huevo a los ingredientes secos y mezcle bien.

Agregue las zanahorias, la piña y las nueces y mezcle de nuevo. Vierta a los moldes preparados.

Coloque los dos moldes en la misma rejilla del horno y horneé de 30 a 35 minutos, hasta que al insertar un palillo de dientes en el centro del pastel salga limpio.

Retire del horno y coloque los moldes en una rejilla de alambre para enfriar. Deje enfriar por 5 minutos y luego retire los pasteles de los moldes. Deje que los pasteles se enfríen completamente en la rejilla antes de untar el betún.

PARA PREPARAR EL BETÚN DE QUESO CREMA:

En un tazón grande bata la mantequilla, el queso crema y el extracto de vainilla.

Agregue lentamente el azúcar pulverizado. Añada la leche hasta que tenga la consistencia deseada. No la haga muy delgado o se deslizará del pastel y no lo cubrirá.

Unte el betún entre las capas y cubra la parte superior así como los lados del pastel. Adorne con nueces picadas, si desea.

RINDE 8 A 12 PORCIONES

PASTEL VOLTEADO
DE MANGO

PASTEL VOLTEADO DE MANGO

Cuando era niña no tenía el mismo gusto por lo dulce que tenían mi hermano y mi hermana. Siempre prefería algo salado o picante a un postre dulce. La única cosa que distraía mi gusto por lo salado era cuando mamá horneaba pasteles caseros. Esta receta está inspirada en el recuerdo de la infancia de comer el clásico pastel volteado de piña de mamá, pero en vez de usar piña preparo este pastel con mi fruta favorita, el mango. Lo horneo en un sartén de hierro fundido y lo adorno con un rico glaseado de cajeta y ron.

PASTEL

11 cucharadas de mantequilla sin sal, dividida

¾ taza de azúcar morena clara

2 mangos maduros, pelados, sin hueso y cortados en rebanadas

⅓ taza de cerezas maraschino, sin tallos

1½ tazas de harina de todo uso

1½ cucharaditas de polvo para hornear

¼ cucharadita de sal

¾ taza de azúcar granulada

1 cucharadita de extracto de vainilla puro

2 huevos

½ taza de leche

GLASEADO DE CAJETA Y RON

¾ taza de cajeta u otro tipo de salsa de caramelo obscuro

2 cucharadas de leche

½ taza de ron

(FOTO EN LA PÁGINA 265)

Derrita 3 cucharadas de mantequilla en un sartén de hierro fundido de 10 pulgadas. Añada el azúcar morena y cocine mientras revuelve hasta que el azúcar se derrita y empiece a burbujear. Retire del fuego y deje enfriar. Una vez que se enfríe acomode las rebanadas de mango en forma de abanico sobre el azúcar derretido. Añada cerezas entre las rebanadas de mango. Reserve.

Precaliente el horno a 350° F.

En un tazón cierna la harina, el polvo para hornear y la sal.

En un tazón por separado, bata las 8 cucharadas restantes de mantequilla con el azúcar granulado hasta que quede cremoso. Agregue la vainilla y luego los huevos, de uno por uno, batiendo hasta que quede suave. Añada la mezcla de harina, poco a poco, a medida que agregue la leche lentamente. No bata de más; mezcle sólo hasta que se incorpore toda la harina.

Vierta la mezcla para pastel encima de la fruta en la sartén, usando una cuchara para extender suavemente la masa hasta la orilla. Horneé de 30 a 40 minutos, o hasta que al insertar un palillo de dientes en el centro del pastel, salga limpio.

Retire del horno. Deje enfriar por unos 5 a 10 minutos – no deje enfriar demasiado tiempo o se pegará a la sartén. Acomode un plato para pastel encima de la sartén y usando guantes para hornear, cuidadosamente volteé el pastel al plato para pastel.

PARA EL GLASEADO:

Coloque la cajeta y la leche en una cacerola y caliente a fuego bajo, revolviendo constantemente, hasta que esté caliente. Retire del fuego. Añada el ron. Rocíe el glaseado encima del pastel.

RINDE 8 A 10 PORCIONES

PASTEL DE TRES LECHES CON COCO

La primera vez que probé el pastel de tres leches pensé que alguien literalmente había sumergido el pastel en leche. Tiene la textura de un pastel y el sabor de leche fría en cada mordida, y no solo un tipo de leche sino tres, de ahí el nombre "tres leches". Aunque Mamá y Abuela nunca prepararon este pastel, pronto se convirtió en un favorito de Yvette y mio. Yvette incluso lo sirvió en su boda.

Me encanta la leche de coco, así que al crear esta receta sabía que tenia que ser una de las tres leches. El esponjoso pastel aterciopelado es decadente, con un toque de coco en cada mordida. Este pastel es muy bueno y, lo mejor de todo, es fácil de preparar. Asegúrese de prepararlo con anticipación - entre mas tiempo se asiente, mejor será su sabor. Adorna cada rebanada con coco tostado y fruta de su preferencia.

PASTEL

1 taza de harina de todo uso

1½ cucharaditas de polvo para hornear

⅛ cucharadita de sal

4 huevos, separados

1 taza de azúcar granulado, dividida

1 cucharadita de extracto de vainilla puro

1/3 taza de leche de coco (asegúrese de que sea leche y no crema)

TRES LECHES

1 (12 onzas) lata de leche evaporada

1 (14 onzas) lata de leche condensada y endulzada

¼ taza de leche de coco

1 cucharada de extracto de vainilla

Chorrito de ron o brandy (opcional)

CREMA BATIDA

2 tazas de crema espesa para batir, fría

¼ taza de azúcar granulada

(FOTO EN LA PÁGINA 270)

GUARNICIONES

½ taza de coco, tostado (opcional)

Fruta de su preferencia

Ramitas de menta (opcional)

PARA HACER EL PASTEL:

Precaliente el horno a 350° F. Engrase un molde para pastel de 9 x 13 pulgadas.

En un tazón grande mezcle la harina, el polvo para hornear y la sal.

En un tazón por separado bata las yemas de huevo con ¾ de taza de azúcar a velocidad alta hasta que adquieran un color amarillo claro. Añada la vainilla y la leche de coco. Vierta la mezcla de huevo a la mezcla de harina y revuelva ligeramente hasta que se mezclen.

En un tazón por separado bata las claras de huevo a velocidad alta hasta que se formen picos suaves. Agregue ¼ de taza de azúcar y bata a velocidad alta hasta punto de turrón (picos tiesos). Ligeramente doble las claras a la mezcla de pastel.

Vierta la mezcla para pastel al molde preparado y extienda la mezcla hasta que parezca que está nivelado. Horneé durante 20 a 25 minutos. Revise que esté listo el pastel insertando un palillo de dientes en el centro del pastel. Si el palillo sale limpio, el pastel está listo. Retire del horno y deje enfriar por unos 20 minutos.

Mientras el pastel todavía está tibio, pique toda la superficie del pastel con un tenedor, incluso las orillas. Esto permitirá que las tres leches se incorporen cuando las vierta encima.

PARA PREPARAR LAS TRES LECHES:

Mezcle la leche evaporada, la leche condensada, la leche de coco la vainilla y el chorrito de ron, si lo desea. Esto rendirá unas 3 tazas.

Lentamente vierta unas 2½ tazas de las tres leches encima del pastel. Asegúrese de bañar las orillas. No se preocupe si se encharca la leche, el pastel esponjoso la absorberá en unos 30 minutos. Refrigere el resto de la mezcla de tres leches para usar después. Cubra el pastel con envoltura plástica y refrigere por al menos 4 horas o durante toda la noche.

PARA PREPARAR CREMA BATIDA:

Coloque la crema para batir fría y el azúcar en un tazón grande y frio; bata a velocidad alta hasta que esté esponjoso, alrededor de 1 a 2 minutos. Guarde en un recipiente con tapa y refrigere hasta la hora de servir.

PARA SERVIR:

Para cada porción, sirva una cucharada de la mezcla de tres leches restantes en un plato. Coloque un pedazo de pastel encima de la leche. Adorne con una cucharada de crema batida, coco tostado, trozos de piña o su fruta preferida y una ramita de menta.

RINDE 18 PORCIONES

la despensa mexicana

La mayoría de las recetas de este libro de cocina están hechas con ingredientes que se pueden comprar en los supermercados en los Estados Unidos. También puede buscar en los mercados mexicanos o latinos que le queden cerca. Probablemente ya está familiarizado con algunos de los platillos más populares del sur de la frontera, pero estas fotos y descripciones le ayudarán a familiarizarse con los ingredientes utilizados en nuestras recetas. Asegúrese también de ver el Glosario de chiles de las páginas 17 a 21 para obtener información sobre las variedades de uno de nuestros ingredientes básicos para la despensa/alacena.

SEMILLA DE ANÍS & ANÍS ESTRELLA

Una semilla pequeña o un fruto seco que sabe a regaliz; se utiliza para dar sabor a postres y bebidas.

AGUACATES

Esta fruta es originaria del estado de Puebla, México, se utiliza para preparar una variedad de recetas como el guacamole.

BOLILLO

Un pan salado parecido a una baguette con un exterior crujiente, pero más corto. Se utiliza como ingrediente principal en nuestra capirotada mexicana (página 234), así como es también un espesante en algunas de nuestras recetas.

CHOCOLATE (MEXICANO)

El chocolate mexicano tiene un sabor distintivo, ya que se combina con vainilla, azúcar, canela y a veces incluso con chile en polvo. Se vende en discos de chocolate sólido del tamaño de un disco de hockey y se utiliza para preparar chocolate caliente y mole, entre otras cosas.

CHORIZO (MEXICANO)

Una variedad de salchicha de cerdo picante sazonado con chile rojo en polvo, sal y ajo; se vende envuelto en plástico. Retire la envoltura antes de cocinar y cocine hasta que se desmorone.

CILANTRO

Una hierba verde aromática, también conocida como el perejil mexicano. La semilla de la hierba se conoce como *coriander* (en inglés) o semilla de cilantro. Esta hierba se utiliza fresca en salsas y muchos otros platillos mexicanos.

CANELA

Preferimos la canela que crece en Ceilán, ya que es más suave y más fácil de moler que la canela cassia tradicional.

CLAVOS

Estos picos de ½ pulgada de largo, parecidos a los clavos de metal, se utilizan enteros o molidos. Generalmente los utilizamos en bebidas y postres para añadir un sabor cálido y ligeramente picante.

ELOTE

Un ingrediente con el cual probablemente está muy familiarizado, pero que es esencial para la cocina mexicana. Se utiliza en nuestros platillos de verduras frescas y también se muele para hacer harina de maíz y masa harina para muchos de nuestros panes y tortillas. Utilizamos los granos de elote en recetas como Elote en vaso (página 115) y nuestra Ensalada de frijol negro (página 213).

CREMA MEXICANA

La crema mexicana es un cultivo de queso crema agria hecha con leche pasteurizada. Tiene la consistencia de crema fresca y resiste el calor. Se puede utilizar para espesar salsas o rociar encima de platillos salados como Enchiladas verdes (página 175). La crema agria se puede utilizar como un sustituto.

FLOR DE JAMAICA

Una flor seca de color magenta profundo utilizada para hacer un té helado conocido como Agua de Jamaica (página 103) o paletas de hielo (página 104). El agua de Jamaica tiene un sabor ácido parecido a los arándanos que se puede endulzar con azúcar granulada.

MAÍZ POZOLERO

El maíz pozolero es el grano de maíz seco que han sido tratados en un proceso llamado nixtamalización. Este proceso transforma los granos de maíz seco en granos suaves comestibles. Se puede encontrar en latas pequeñas y grandes en la mayoría de supermercados y mercados latinos.

JÍCAMA

Un tubérculo dulce y crujiente que se parece a una papa grande. Debe pelarse antes de consumirlo. Se puede utilizar como una adición crujiente a las ensaladas o como aderezo para tacos.

LIMONES

Estos cítricos verdes se utilizan bastante en la cocina mexicana. Sus jugos agrios añaden un toque especial a ensaladas, salsas, margaritas y otras bebidas refrescantes.

MASA HARINA

Una harina de maíz finamente molido que se ha secado, cocinado, molido y secado de nuevo. Cuando se mezcla con agua, se llama masa (masa). La masa se utiliza para espesar atole y para hacer tamales, tortillas de maíz y gorditas. (La harina de maíz no debe ser utilizada como un sustituto.)

MENTA

Una hierba aromática de color verde obscuro que se utiliza como condimento o especia en una variedad de recetas. Es un ingrediente esencial en mojitos helados y refrescantes (páginas 75-76).

ORÉGANO MEXICANO

Nativo de México, el orégano mexicano es un pariente de la hierba luisa y por lo tanto tiene notas cítricas y un ligero sabor a regaliz. Combina excepcionalmente bien con recetas que utilizan chiles, comino y paprika.

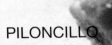

PILONCILLO

El piloncillo es azúcar de caña entero sin refinar hecha con jugo de la caña de azúcar que es hervido y luego endurecido en forma de bloques o conos. Su sabor es muy similar al azúcar moreno con un sabor de melaza y se utiliza para endulzar postres o bebidas mexicanas. El azúcar moreno puede ser utilizado como un sustituto.

FRIJOL PINTO

El frijol más común en los Estados Unidos y el norte de México. Su nombre se debe a su color manchado (piense caballo pinto). Una vez cocidos los frijoles se pueden comer enteros, molidos, o refritos.

TUNAS

Son una fruta que crece en las pencas de los nopales. Con una apariencia en forma de pera, puede variar en color de verde (menos dulce) a rojo (muy dulce). Las pequeñas manchas son astillas similares a pelos que pueden ser muy dolorosas al tacto, por lo cual se debe manejar con cuidado.

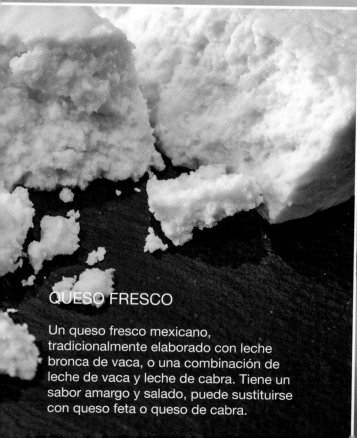

QUESO FRESCO

Un queso fresco mexicano, tradicionalmente elaborado con leche bronca de vaca, o una combinación de leche de vaca y leche de cabra. Tiene un sabor amargo y salado, puede sustituirse con queso feta o queso de cabra.

AZAFRÁN

El azafrán es el estambre del cártamo. Una hierba parecida a un cardo con un color rojo anaranjado, que da un tinte de color naranja a la comida.

SUERO

También conocido como suero de leche, un subproducto de la producción de queso. Tiene un sabor salado y amargo. Si no puede encontrar suero, puede sustituir el suero de mantequilla o crema agria.

SAZONADOR TAJIN

Este es un condimento simple hecho con sal, chile y jugo de limón deshidratado. Se utiliza para dar un poco más de sabor a frutas y verduras. También lo usamos para escarchar los bordes de los vasos para margaritas.

TOMATILLO

También llamado "tomate verde", el tomatillo es un alimento básico en la cocina mexicana. La cáscara exterior se debe quitar antes de usar para cocinar. Los tomatillos tienen una capa interior blanca que es un poco más sustanciosa que un tomate rojo y un sabor agrio que los hace perfectos para salsas y otros platillos mexicanos.

CALABACITA

También conocido como zucchini mexicano. Este calabacín tiene una forma alargada y una piel verde grisácea clara. Por lo general crece sólo durante el verano. El zucchini regular puede ser un buen sustituto.

Gracias a Dios que nos dio el pan de cada día,
sin merecerlo. Amén.

Panza Llena, Corazón Contento

En honor a
nuestra madre
y abuela, Jesusita

"No es la muerte al que
debemos temer,
sino el no haber vivido."
~Anónimo

gracias

DE YVETTE

A mi esposo, Bill: Gracias por asumir muchas más responsabilidades en la casa y con nuestros niños mientras yo escribía este libro de cocina; por hacer las compras para mí cuando necesitaba ingredientes de último momento y por escuchar, probar y ser honesto. Tu amor persistente, tu fe y apoyo en todo lo que hago son apreciados. Todas las cosas buenas llegaron a mi vida en el momento que entraste a ella. Eres mi mundo. Te amo con todo el corazón.

A mis hijos, Maya y Blake: mi corazón y alma. Este libro es especialmente para ustedes. Aunque mi abuela no estuvo en sus vidas, quiero que sepan que es su ángel de la guarda, cuidándolos y protegiéndolos a los dos.

A mi mamá, Vangie: Eres mi inspiración. Tienes un corazón tan grande y eres tan generosa como era mi abuela. Tienes mucha energía creativa y un entusiasmo por la vida. Estoy emocionada más allá de las palabras por compartir esta aventura de Muy Bueno contigo.

A mi hermana, Veronica: ¿Por dónde empiezo? No tienes idea de lo orgullosa que estoy de llamarte mi hermana mayor y de escribir este libro contigo. Gracias por unirte a esta loca aventura conmigo y con Mamá. Te quiero.

DE VERÓNICA

A Steve, mi roca y mi alma gemela. No podría haber hecho esto sin tu apoyo inquebrantable, palabras de aliento y amor. Gracias por probar todas las recetas nuevas y antiguas, cuidar a los niños, lavar cerros de ropa y ayudar en la casa mientras yo estaba ocupada probando recetas, cocinando, escribiendo y editando el libro de recetas. Te quiero con todo mi corazón, para siempre… ¡y un día más!

A mis dos hijos hermosos, Dakota y Hunter, mi rayito de sol y mi changuito. Gracias por ser tan pacientes cuando estaba ocupada en la cocina o en la computadora. Al final, este libro realmente es para ustedes. Un día, cuando puedan preparar su sopita y flautas favoritas por

sí mismos, lo entenderán. Los quiero mucho, mucho, mucho.

A mi hermosa madre: Aunque me enseñaste mucho sobre cocinar y hornear, es tu amor incondicional que nunca deja de sorprenderme y tu ética de trabajo es un segundo lugar cercano. Sólo espero algún día tener tu valor y fuerza. Me siento tan honrada de escribir este libro contigo. Te quiero, Mamá.

A Michelle, mi hermana, me alegra haber podido pasar tiempo juntas en California y gracias por probar algunas de nuestras recetas.

Y por último a mi hermanita/hermana menor, Yvette: Hermanas primero y amigas por siempre. Te quiero tanto. La maternidad nos unió más que nunca y la comida selló nuestra relación. Estoy tan orgullosa de la mujer hermosa y talentosa en la que te has convertido. No podría haberlo hecho sin ti. Te quiero hasta el final de la tierra.

DE VANGIE

Gracias a mis hermosas hijas Verónica e Yvette por la idea de documentar las recetas de mi mamá y mantenerlas vivas para nosotros, mis nietos, y futuras generaciones. Estoy muy orgullosa de las dos. Han trabajado mucho en el blog y en este libro. Han sido mi mayor inspiración a través de este maravilloso viaje. Nunca pensé que llegaríamos tan lejos; sin ustedes dos esto nunca habría sucedido.

A mi dulce hermana Natalia, gracias por darnos mucha de la información sobre el viaje de Mamá de Chihuahua a Presidio, Texas. Estoy muy agradecida por tu memoria notable y eternamente agradecida.

Quiero agradecer a mi hermano Carlos por estar ahí cuando leía todas las historias que escribimos, y por probar mis platillos para asegurarse de que eran como las de nuestra madre. Ver cómo disfrutabas probar las recetas tradicionales de Mamá siempre me hizo muy felíz. Te quiero, hermano.

Más que nada quiero agradecer a mi madre, Jesusita, por enseñarme a cocinar desde muy joven. Las veces que estoy en la cocina preparando sus platillos, me emocionan los recuerdos. Rindo homenaje a ella a través de este libro, por ser mi heroína e inspiración. Tu amor está con nosotros y estará siempre en nuestros corazones.

DE TODAS NOSOTRAS

A Jesusita: nuestra difunta Abuela/Madre, la mujer más increíble que conocemos, nuestro pilar de fortaleza, la matriarca de nuestra familia. Ella compartió sus historias y la belleza de la cocina mexicana con nosotros. Ella contribuyó de manera muy especial en nuestro desempeño como cocineras caseras. Siempre vamos a atesorar sus sabias palabras.

A nuestro hermano/hijo, Michael: Gracias por tu apoyo y por escuchar pacientemente todas nuestras historias, las cuales probablemente escuchaste en triple, de cada una de nosotras. Te queremos mucho.

A Patsy, nuestra hermana/hija, gracias por tus palabras de inspiración y aliento. Nos encanta tu energía y el lazo especial que compartimos. Y a Carl, tu esposo, gracias por la bonita canción que escribiste para Muy Bueno; tu música es hermosa y te deseamos suerte con tu talento artístico.

A nuestra fotógrafa, Jeanine Thurston: Muchísimas gracias por darnos la inspiración para escribir un libro de cocina y ofrecer fotografiar nuestros platillos. Iluminaste nuestra visión con las bellas imágenes capturadas de la comida con la que crecimos. Tu fotografía y presentación trajeron este libro a la vida y capturaron la esencia y el sabor de México. Eres una verdadera visionaria. Apreciamos tu paciencia y flexibilidad a través de todo este proceso. También estamos muy agradecidos por la amistad que se ha desarrollado y te consideramos parte de la familia.

A nuestros editores, Priti Gress, Colette Laroya, Barbara Keane-Pigeon y el equipo entero de Hippocrene Books: Agradecemos a todos y cada uno de ustedes por su dirección y pericia a lo largo de todo este proceso. Gracias por creer en nuestra historia y en nuestras recetas. Gracias por su paciencia y trabajo duro; no podríamos haber hecho esto sin ustedes.
A nuestra consultora de contratos, Barbara Brabec: Gracias por ayudarnos a entender nuestro contrato. Fuiste

nuestro ángel de la guarda a través del proceso de la firma del libro.

A Cesi, Georgina, Augi y Victorina: Gracias por compartir sus recetas de tinga de pollo, horchata, pozole y pimientos rellenos con nosotras. Sus recetas nos inspiraron a crear nuevas versiones para Muy Bueno. Gracias tía Celia por presentarme al pérsimo, el cual inspiró algunos cocteles únicos. Y un adicional gracias a los padres de Augi, Connie y Octavio, por prestarnos su hermosa vajilla de barro para nuestras sesiones de fotos.

A nuestra prima/sobrina y hermosa modelo de manos Rebeca Estrada: Gracias por honrar las fotos en nuestro libro de cocina y nuestro blog con tus manos impecables.

A Cherie Mahon: Gracias por compartir tu cerámica con nosotras para nuestras fotos. Son unas hermosas piezas de arte y le dieron un toque de color a nuestras recetas. A nuestro equipo para "Día de los Muertos": ¡Gracias a todos! Brandy Rich, por tu talento de maquillista, Julia Kaaren por las hermosas flores y arreglo para el altar, Jim Fisher por prestarnos a "Juno" el lobo y a mi dulce amiga Rachel Vigil por ser nuestra hermosa modelo.

A IMUSA USA y Avocados from Mexico: Gracias por creer en nosotras lo suficiente para patrocinar nuestro blog y confiar en nosotras para desarrollar recetas usando sus productos. Sus productos han sido unas adiciones hermosas a muchos platillos en este de libro de recetas. A nuestras amigas blogueras que hemos conocido a través de los años – gracias por su amistad y apoyo.

A nuestros aficionados/seguidores/fans hermosos, amables y maravillosos que leen nuestro blog y siguen a través del Facebook y de Twitter. Muchos de ustedes han estado allí desde el principio, los queremos y apreciamos mucho. Gracias por su amor y apoyo sin fin. Sus comentarios sinceros y atentos fueron los que nos siguieron empujando hacia adelante para completar este proyecto.

A todos nuestros amigos y familia, quienes nos han apoyado desde el principio de esta aventura torbellino. Gracias por sus palabras de aliento y por creer en nuestro trabajo. A todos ustedes que probaron nuestras recetas y bebidas una y otra vez, sus platos y vasos vacíos decían mucho. Éste ha sido un viaje inolvidable hasta ahora. ¡Salud!

ÍNDICE DE RECETAS

(var. = variación)